GEORG BÜCHNER
Woyzeck

Bitte beachten Sie:
Bei der vorliegenden Textausgabe handelt es sich um eine
Neuauflage, die von den bisherigen Auflagen textlich
geringfügig abweicht.
Das »Arbeitsheft« und die »Informationen für Lehrerinnen und Lehrer« zu »Woyzeck« sind ab den Auflagen
mit dem Erscheinungsjahr 2012 inhaltlich und in den
Seitenangaben auf diese neue Ausgabe abgestimmt.

Texte • **Medien**

GEORG BÜCHNER

Woyzeck

Erarbeitet von   Peter Bekes
Heinz Reichling

Schroedel

Texte **Medien**

Herausgegeben von Peter Bekes und Volker Frederking

© 2007 Bildungshaus Schulbuchverlage
Westermann Schroedel Diesterweg
Schöningh Winklers GmbH, Braunschweig
www.schroedel.de

Das Werk und seine Teile sind urheberrechtlich geschützt. Jede Nutzung in anderen als den gesetzlich zugelassenen Fällen bedarf der vorherigen schriftlichen Einwilligung des Verlages. Hinweis zu § 52a UrhG: Weder das Werk noch seine Teile dürfen ohne eine solche Einwilligung gescannt und in ein Netzwerk eingestellt werden. Dies gilt auch für Intranets von Schulen und sonstigen Bildungseinrichtungen.

Auf verschiedenen Seiten dieses Buches befinden sich Verweise (Links) auf Internet-Adressen. Haftungshinweis: Trotz sorgfältiger inhaltlicher Kontrolle wird die Haftung für die Inhalte der externen Seiten ausgeschlossen. Für den Inhalt dieser externen Seiten sind ausschließlich deren Betreiber verantwortlich. Sollten Sie bei dem angegebenen Inhalt des Anbieters dieser Seite auf kostenpflichtige, illegale oder anstößige Inhalte treffen, so bedauern wir dies ausdrücklich und bitten Sie, uns umgehend per E-Mail davon in Kenntnis zu setzen, damit beim Nachdruck der Verweis gelöscht wird.

Druck B 2 / Jahr 2013
Alle Drucke der Serie B sind im Unterricht parallel verwendbar.

Redaktion: Franziska Voigt, Hamburg
Herstellung und Satz: Ira Petersohn, Ellerbek
Reihentypografie: Iris Farnschläder, Hamburg
Druck und Bindung: pva, Druck und Medien-Dienstleistungen GmbH, Landau
Titelbild: Dana Schutz: Myopic, 2004, oil on canvas.
Zach Feuer Gallery, New York

Der Dramentext folgt der Ausgabe: Georg Büchner: Werke und Briefe. Münchner Ausgabe. Hrsg. von Karl Pörnbacher, Gerhard Schaub, Hans-Joachim Simm und Edda Ziegler. München: Carl Hanser Verlag 1988.

S. 234–255.

Das Texte **Medien** -Programm zu »Woyzeck«:
978-3-507-47028-6 Textausgabe mit Materialien
978-3-507-47128-3 Arbeitsheft
978-3-507-47228-0 Informationen für Lehrerinnen und Lehrer

Informationen und Materialien im Internet:
www.schroedel.de/textemedien

ISBN 978-3-507-47028-6

Inhalt

Vorwort **7**

Georg Büchner
Woyzeck (1836) **9**

Materialien

Biografie
Lebenschronik **42**
Arbeitsanregungen **50**

Entstehung
»Woyzeck« – ein Fragment **51**
Jan-Christoph Hauschild Der historische Fall Woyzeck
   (1993) **52**
Johann Christian August Clarus Die Zurechnungsfähigkeit
   des Mörders Johann Christian Woyzeck (1823) **55**
Ernst Anschütz Die Hinrichtung des Delinquenten
   Woyzeck (1824) **58**
Arbeitsanregungen **60**

Verstehen und Deuten
Soziale Verhältnisse
Georg Büchner Brief an die Eltern (1834) **61**
Hans-Ulrich Wehler Armut in Deutschland (1987) **63**
Georg Büchner/Friedrich Ludwig Weidig Der Hessische
   Landbote (1834) **67**
Fritz Deppert Steckbrief (1987) **82**
Arbeitsanregungen **84**

Menschenversuche – Wissenschaftskritik

Udo Roth Naturwissenschaftliche Experimentalpraxis im
»Woyzeck« (2002) **85**
Alexander Kluge Ein Liebesversuch (1962) **89**
Arbeitsanregungen **93**

Sprachliche und literarische Bezüge

Brüder Grimm Sterntaler (1812) **94**
Brüder Grimm Die sieben Raben (1812) **95**
Arbeitsanregungen **98**

Poetik des Dramas: realistische Ästhetik

Georg Büchner Brief an die Eltern (1835) **99**
Georg Büchner Dantons Tod. 2. Akt, 3. Szene (1835) **100**
Alfred Kerr Georg Büchner: Woyzeck (1921) **101**
Georg Büchner Lenz (1835) **102**
Jakob Michael Reinhold Lenz Die Soldaten. 1. Akt,
6. Szene (1776) **104**
Jakob Michael Reinhold Lenz Die Soldaten. 3. Akt,
2. Szene (1776) **106**
Arbeitsanregungen **108**

Wirkung und mediale Gestaltung

Herbert Ihering Büchner-Abend (1913) **109**
Karl-Markus Gauß Woyzeck war kein Opfer.
Er war Täter (2003) **110**
Inka Müller Woyzeck (2005) **114**
»Woyzeck« als Film (1979) **115**
Arbeitsanregungen **117**

Textquellen **118**
Bildquellen **120**
Anmerkungen **121**

Vorwort

Georg Büchner hat sein letztes dichterisches Werk, den »Woyzeck«, nicht fertigstellen können. Sein früher Tod im Alter von 23 Jahren hat all seine weiteren Planungen mit dem Stück zunichtegemacht. Das hat der Wirkungsgeschichte dieses Dramas aber keinen Abbruch getan. Im Gegenteil, vielleicht verdankt sich die Faszination, die von diesem Text seit Jahrzehnten ausgeht, gerade seinem fragmentarischen Charakter. Dieser macht ihn offen für mannigfaltige Sichtweisen und Deutungen: Bezeichnet wurde der »Woyzeck«, um nur einige Interpretationsansätze zu nennen, als Beziehungsdrama, als Kriminalstück, als sozialkritisches Stück. Jedenfalls hat das Drama heute nicht nur seinen Ort auf den Spielplänen der Theater, sondern gehört auch zu den kanonisierten Schullektüren. Von bedrängender Gegenwärtigkeit ist die soziale Problematik, die hier am Schicksal der Hauptfigur, die im sozialen Sinne Randfigur ist, dargestellt wird: Woyzeck, der Gedemütigte und Geschundene, der Unterdrückte und Ausgebeutete, ist, obwohl er die Frau, die er liebt, tötet, kein Täter, sondern vielmehr Opfer seiner Affekte, Wahnvorstellungen und vor allem der Gewalt sozialer Verhältnisse, in die er hineingeboren wurde und von denen er sich nicht befreien kann.

Die vorliegende Textausgabe enthält neben der Lebenschronik des Autors wichtige Materialien zur Entstehung und Wirkungsgeschichte des Stückes sowie Texte und Bilder, die eine historische Einordnung des Dramas erleichtern und zu dessen Verstehen und Deuten beitragen.

Personen

Franz Woyzeck
Marie
Christian, *ihr Kind*
Hauptmann
Doktor
Professor
Tambourmajor
Unteroffizier
Andres
Margreth
Ausrufer *einer Schaubude*
Alter Mann
Der Jude
Wirt
Erster Handwerksbursch
Zweiter Handwerksbursch
Karl, *ein Idiot*
Käthe
Großmutter
Erstes Kind
Zweites Kind
Anderes Kind
Erste Person
Zweite Person
Gerichtsdiener
Arzt
Richter
Soldaten, Studenten, Leute, Mädchen und Kinder

Georg Büchner
Woyzeck _____ 1836

[1] Freies Feld. Die Stadt in der Ferne

Woyzeck und Andres schneiden Stöcke im Gebüsch.

Woyzeck Ja Andres; den Streif da über das Gras hin, da rollt
abends der Kopf, es hob ihn einmal einer auf, er meint es
wär ein Igel. Drei Tag und drei Nächt und er lag auf den
Hobelspänen, *(leise)* Andres, das waren die Freimaurer,
ich hab's, die Freimaurer, still!

Andres *(singt)*

> Saßen dort zwei Hasen
> Fraßen ab das grüne, grüne Gras …

Woyzeck Still! Es geht! Was!

Andres Fraßen ab das grüne, grüne Gras
> Bis auf den Rasen.

Woyzeck Es geht hinter mir, unter mir *(stampft auf den Boden)* hohl, hörst du? Alles hohl da unten. Die Freimaurer!

Andres Ich fürcht mich.

Woyzeck 's ist so kurios still. Man möcht den Atem halten.
Andres!

Andres Was?

Woyzeck Red was! *(Starrt in die Gegend)* Andres! Wie hell!
Ein Feuer fährt um den Himmel und ein Getös herunter
wie Posaunen. Wie's heraufzieht! Fort. Sieh nicht hinter
dich. *(Reißt ihn in's Gebüsch)*

---

lag auf den Hobelspänen
lag tot
Freimaurer
→ Seite 121

Saßen dort zwei Hasen …
→ Seite 121

Ein Feuer … wie Posaunen.
→ Seite 121

Andres *(nach einer Pause)* Woyzeck! hörst du's noch?

Woyzeck Still, Alles still, als wär die Welt tot.

Andres Hörst du? Sie trommeln drin. Wir müssen fort.

Sie trommeln drin Zapfenstreich; Signal für Soldaten zur Rückkehr in die Kaserne

[2] Marie mit ihrem Kind am Fenster. Margreth

Tambourmajor Leiter des Musikkorps eines Regiments; Unteroffizier

Der Zapfenstreich geht vorbei, der Tambourmajor voran.

Marie *(das Kind wippend auf dem Arm)* He Bub! Sa ra ra ra! Hörst? Da komme sie.

Margreth Was ein Mann, wie ein Baum.

Marie Er steht auf seinen Füßen wie ein Löw.

(Tambourmajor grüßt)

Margreth Ei, was freundliche Auge, Frau Nachbarin, so was is man an Ihr nit gewöhnt.

Marie *(singt)* Soldaten das sind schöne Bursch …

Margreth Ihre Auge glänze ja noch.

zum Jud …
verkaufe
→ Seite 121

Marie Und wenn! Trag Sie Ihr Auge zum Jud und lass Sie sie putze, vielleicht glänze sie noch, dass man sie für zwei Knöpf verkaufe könnt.

Jungfer unverheiratete Frau *honette* anständige

Margreth Was Sie? Sie? Frau Jungfer, ich bin eine honette Person, aber Sie, Sie guckt siebe Paar lederne Hose durch.

unehrliche Gesicht hier für: nichteheliche Geburt

Marie Luder! *(Schlägt das Fenster zu)* Komm mein Bub. Was die Leut wollen. Bist doch nur en arm Hurenkind und machst deiner Mutter Freud mit deim unehrliche Gesicht. Sa! Sa!

(Singt) Mädel, was fangst du jetzt an
Hast ein klein Kind und kein Mann.
Ei was frag ich danach

Sing ich die ganze Nacht
Heio popeio mein Bu. Juchhe!
Gibt mir kein Mensch nix dazu.

Bu
Bub, Junge

Hansel spann deine sechs Schimmel an
5   Gib ihn zu fresse auf's Neu.
Kein Haber fresse sie
Kein Wasser saufe sie
Lauter kühle Wein muss es sein. Juchhe!
Lauter kühle Wein muss es sein.

Haber
Hafer

10 *(Es klopft am Fenster.)*

Marie Wer da? Bist du's Franz? Komm herein!
Woyzeck Kann nit. Muss zum Verles.
Marie Was hast du Franz?
Woyzeck *(geheimnisvoll)* Marie, es war wieder was, viel,
15   steht nicht gschrieben, und sieh da ging ein Rauch vom
Land, wie der Rauch vom Ofen?
Marie Mann!
Woyzeck Es ist hinter mir gegangen bis vor die Stadt. Was
soll das werden?
20 **Marie** Franz!
Woyzeck Ich muss fort. *(Er geht.)*
Marie Der Mann! So vergeistert. Er hat sein Kind nicht
angesehn. Er schnappt noch über mit den Gedanken. Was
bist so still, Bub? Furchst dich? Es wird so dunkel, man
25   meint, man wär blind. Sonst scheint als die Latern herein.
Ich halt's nicht aus. Es schauert mich. *(Geht ab)*

Verles
Anwesenheits-
kontrolle der
Soldaten

*sieh da ging ein
Rauch ... vom
Ofen*
→ Seite 121

vergeistert
verängstigt,
verstört

als
immer

2. Szene | **11**

[3] Öffentlicher Platz. Buden.Lichter

Alter Mann. Kind *(das tanzt)*
>Auf der Welt ist kein Bestand.
>Wir müssen alle sterbe,
>das ist uns wohlbekannt!

Woyzeck He! Hopsa! Arm Mann, alter Mann! Arm Kind! Junges Kind! Hei Marie, soll ich dich trage? Ein Mensch muss … damit er esse kann. Welt! Schön Welt!

Ausrufer *(an einer Bude)* Meine Herren! Meine Herren! Sehn Sie die Kreatur, wie sie Gott gemacht, nix, gar nix. Sehen Sie jetzt die Kunst, geht aufrecht, hat Rock und Hosen, hat ein Säbel! Ho! Mach Kompliment! So bist brav. Gib Kuss! *(Er trompetet.)* Michl ist musikalisch. Meine Herren, meine Damen, hier sind zu sehn das astronomische Pferd und die kleine Kanaillevogele, sind Liebling von alle Potentate Europas und Mitglied von alle gelehrte Sozietät; weissage de Leute Alles, wie alt, wie viel Kinder, was für Krankheit, schießt Pistol los, stellt sich auf ei Bein. Alles Erziehung, haben eine viehische Vernunft, oder vielmehr eine ganze vernünftige Viehigkeit, ist kei viehdummes Individuum wie viel Person, das verehrliche Publikum abgerechnet. Herein. Es wird sein die räpräsentation, das commencement vom commencement wird sogleich nehm sein Anfang. Sehn Sie die Fortschritte der Zivilisation. Alles schreitet fort, ci Pferd, ci Aff, ci Kanaillevogel. Der Aff ist schon ei Soldat, 's ist noch nit viel, unterst Stuf von menschliche Geschlecht!
Die räpräsentation anfangen! Man mackt Anfang von Anfang. Es wird sogleich sein das commencement von commencement.

Woyzeck Willst du?

Kompliment
hier: Verbeugung

Kanaillevogele
Kanarienvögel
Potentaten
Fürsten, Herrscher
Sozietät
Gesellschaft

räpräsentation
Repräsentation,
Vorstellung
commencement
frz. »Anfang«

---

12 | Woyzeck

Marie Meinetwege. Das muss schön Dings sein. Was der Mensch Quasten hat und die Frau hat Hosen.

Unteroffizier. Tambourmajor.

Unteroffizier Halt, jetzt. Siehst du sie! Was ei Weibsbild!
Tambourmajor Teufel, zum Fortpflanze von Kürassierregimenter und zur Zucht von Tambourmajor.
Unteroffizier Wie sie den Kopf trägt, man meint, das schwarze Haar müsst ihn abwärts ziehn, wie ei Gewicht, und Auge, schwarz …
Tambourmajor Als ob man in ein Ziehbrunn oder zu ein Schornstei hinunteguckt. Fort, hinte drein!
Marie Was Lichter!
Woyzeck Ja …, ei groß schwarze Katze mit feurige Auge. Hei, was'n Abend!

Das Innere der Bude

Ausrufer *(mit dressiertem Pferd)* Zeig dein Talent! Zeig dein viehische Vernünftigkeit! Bschäme die menschlich Sozietät! Mei Herre, dies Tier, was Sie da sehn, Schwanz am Leib, auf sei vier Hufe, ist Mitglied von alle gelehrte Sozietät, ist Professor an unsre Universität, wo die Studente bei ihm reiten und schlage lernen. Das war einfacher Verstand! Denk jetzt mit der doppelten Raison. Was machst du wann du mit der doppelten Raison denkst? Ist unter der gelehrte Société da ein Esel? *(Der Gaul schüttelt den Kopf.)* Sehn Sie jetzt die doppelte Räson! Das ist Viehsionomik. Ja das ist kei viehdummes Individuum, das ist ein Person! Ei Mensch, ei tierische Mensch und doch ei Vieh, ei bête. *(Das Pferd führt sich ungebührlich auf.)* So bschäm die Société.

Quasten
Fransen am Kleidungsstück

Kürassierregimenter
Reiterregimenter

Raison
frz. »Vernunft«

Viehsionomik
Physiognomik
→ Seite 122
bête
frz. »Tier«

Sehn Sie, das Vieh ist noch Natur, unverdorbe Natur!
Lern Sie bei ihm. Fragen Sie den Arzt, es ist höchst
schädlich! Das hat geheiße, Mensch sei natürlich, du
bist geschaffe Staub, Sand, Dreck. Willst du mehr sein
als Staub, Sand, Dreck? Sehn Sie, was Vernunft, es kann
rechnen und kann doch nit an de Finger herzählen,
warum? Kann sich nur nit ausdrücke, nur nit expli-
ziern, ist ein verwandlter Mensch! Sag den Herrn, wie
viel Uhr es ist. Wer von den Herrn und Damen hat ein
Uhr, ein Uhr?

Unteroffizier Eine Uhr! *(Zieht großartig und gemessen eine
Uhr aus der Tasche.)* Da mein Herr.

Marie Dass muss ich sehn. *(Sie klettert auf den 1. Platz.
Tambourmajor hilft ihr.)*

[4] Kammer

*Marie sitzt, ihr Kind auf dem Schoß, ein Stückchen Spiegel in
der Hand.*

Marie *(bespiegelt sich)* Was die Steine glänze! Was sind's für?
Was hat er gesagt? – Schlaf Bub! Drück die Auge zu, fest,
(das Kind versteckt die Augen hinter den Händen) noch
fester, bleib so, still oder er holt dich.
(Singt) Mädel mach's Ladel zu,
  's kommt e Zigeunerbu,
  Führt dich an deiner Hand
  Fort in's Zigeunerland.
(Spiegelt sich wieder) 's ist gewiss Gold! Unsereins hat
nur ein Eckchen in der Welt und ein Stückchen Spiegel,
und doch hab' ich einen so roten Mund als die großen
Madamen mit ihren Spiegeln von oben bis unten und

ihren schönen Herrn, die ihnen die Händ küssen; ich bin nur ein arm Weibsbild. – *(Das Kind richtet sich auf.)* Still Bub, die Auge zu, das Schlafengelchen! wie's an der Wand läuft, *(sie blinkt mit dem Glas)* die Auge zu, oder es sieht dir hinein, dass du blind wirst.

Schlafengelchen Fantasiegestalt wie der »Sandmann«

(Woyzeck tritt herein, hinter sie. Sie fährt auf mit den Händen nach den Ohren.)

Woyzeck Was hast du?

Marie Nix.

Woyzeck Unter deinen Fingern glänzt's ja.

Marie Ein Ohrringlein; hab's gefunden.

Woyzeck Ich hab so noch nix gefunden. Zwei auf einmal.

Marie Bin ich ein Mensch?

Mensch hier: Hure

Woyzeck 's ist gut, Marie. – Was der Bub schläft. Greif ihm unter's Ärmchen, der Stuhl drückt ihn. Die hellen Tropfen stehn ihm auf der Stirn; alles Arbeit unter der Sonn, sogar Schweiß im Schlaf. Wir arme Leut! Das is wieder Geld Marie, die Löhnung und was von mein'm Hauptmann.

Marie Gott vergelt's Franz.

Woyzeck Ich muss fort. Heut Abend, Marie. Adies.

Marie *(allein, nach einer Pause)* Ich bin doch ein schlecht Mensch. Ich könnt mich erstechen. – Ach! Was Welt? Geht doch Alles zum Teufel, Mann und Weib.

4. Szene | **15**

[5] Der Hauptmann. Woyzeck

Hauptmann auf einem Stuhl, Woyzeck rasiert ihn.

Hauptmann Langsam, Woyzeck, langsam; eins nach dem andern; Er macht mir ganz schwindlig. Was soll ich dann mit den zehn Minuten anfangen, die Er heut zu früh fertig wird? Woyzeck, bedenk Er, Er hat noch seine schöne dreißig Jahr zu leben, dreißig Jahr! macht 360 Monate, und Tage, Stunden, Minuten! Was will Er denn mit der ungeheuren Zeit all anfangen? Teil Er sich ein, Woyzeck.

Woyzeck Ja wohl, Herr Hauptmann.

Hauptmann Es wird mir ganz angst um die Welt, wenn ich an die Ewigkeit denke. Beschäftigung, Woyzeck, Beschäftigung! Ewig das ist ewig, das ist ewig, das siehst du ein; nun ist es aber wieder nicht ewig und das ist ein Augenblick, ja, ein Augenblick. – Woyzeck, es schaudert mich, wenn ich denk, dass sich die Welt in einem Tag herumdreht, was'n Zeitverschwendung, wo soll das hinaus? Woyzeck, ich kann kein Mühlrad mehr sehn, oder ich werd melancholisch.

melancholisch
schwermütig

Woyzeck Ja wohl, Herr Hauptmann.

verhetzt
unruhig, verstört

Hauptmann Woyzeck Er sieht immer so verhetzt aus. Ein guter Mensch tut das nicht, ein guter Mensch, der sein gutes Gewissen hat. – Red Er doch was Woyzeck. Was ist heut für Wetter?

Woyzeck Schlimm, Herr Hauptmann, schlimm; Wind.

Hauptmann Ich spür's schon, 's ist so was Geschwindes draußen; so ein Wind macht mir den Effekt wie eine Maus. *(Pfiffig)* Ich glaub wir haben so was aus Süd-Nord.

macht mir den
Effekt
wirkt auf mich

Woyzeck Ja wohl, Herr Hauptmann.

Hauptmann Ha! ha! ha! Süd-Nord! Ha! Ha! Ha! O Er ist dumm, ganz abscheulich dumm. *(Gerührt)* Woyzeck, Er ist ein guter Mensch, ein guter Mensch – aber *(mit Würde)* Woyzeck, Er hat keine Moral! Moral, das ist wenn man moralisch ist, versteht Er. Es ist ein gutes Wort. Er hat ein Kind, ohne den Segen der Kirche, wie unser hochehrwürdiger Herr Garnisonsprediger sagt, ohne den Segen der Kirche, es ist nicht von mir.

Woyzeck Herr Hauptmann, der liebe Gott wird den armen Wurm nicht drum ansehn, ob das Amen drüber gesagt ist, eh er gemacht wurde. Der Herr sprach: Lasset die Kindlein zu mir kommen.

Hauptmann Was sagt Er da? Was ist das für 'ne kuriose Antwort? Er macht mich ganz konfus mit seiner Antwort. Wenn ich sag: Er, so mein ich Ihn, Ihn.

Woyzeck Wir arme Leut. Sehn Sie, Herr Hauptmann, Geld, Geld. Wer kein Geld hat. Da setz eimal einer seinsgleichen auf die Moral in die Welt. Man hat auch sein Fleisch und Blut. Unseins ist doch einmal unselig in der und der andern Welt, ich glaub wenn wir in Himmel kämen, so müssten wir donnern helfen.

Hauptmann Woyzeck, Er hat keine Tugend, Er ist kein tugendhafter Mensch. Fleisch und Blut? Wenn ich am Fenster lieg, wenn es geregnet hat, und den weißen Strümpfen so nachsehe, wie sie über die Gassen springen, – verdammt Woyzeck, – da kommt mir die Liebe! Ich hab auch Fleisch und Blut. Aber Woyzeck, die Tugend, die Tugend! Wie sollte ich dann die Zeit herumbringen? Ich sag mir immer, du bist ein tugendhafter Mensch, *(gerührt)* ein guter Mensch, ein guter Mensch.

Woyzeck Ja Herr Hauptmann, die Tugend! ich hab's noch nicht so aus. Sehn Sie, wir gemeinen Leut, das hat keine Tugend, es kommt einem nur so die Natur, aber wenn ich ein Herr wär und hätt ein Hut und eine Uhr und eine Anglaise, und könnt vornehm reden, ich wollt schon

---

ohne den Segen der Kirche
unehelich

Der Herr sprach ... kommen.
→ Seite 122

konfus
verwirrt

den weißen Strümpfen so nachsehe
den Frauen hinterherschaue

Anglaise
Gehrock, festlicher Anzug

tugendhaft sein. Es muss was Schönes sein um die Tugend, Herr Hauptmann. Aber ich bin ein armer Kerl.

Hauptmann Gut Woyzeck. Du bist ein guter Mensch, ein guter Mensch. Aber du denkst zu viel, das zehrt, du siehst immer so verhetzt aus. Der Diskurs hat mich ganz angegriffen. Geh jetzt und renn nicht so; langsam, hübsch langsam die Straße hinunter.

Diskurs Gespräch

[6] Kammer

Marie. Tambourmajor.

Tambourmajor Marie!

Marie *(ihn ansehend, mit Ausdruck)* Geh einmal vor dich hin. – Über die Brust wie ein Stier und ein Bart wie ein Löw. So ist keiner. – Ich bin stolz vor allen Weibern.

Tambourmajor Wenn ich am Sonntag erst den großen Federbusch hab und die weiße Handschuh, Donnerwetter, Marie, der Prinz sagt immer: Mensch, Er ist ein Kerl.

Marie *(spöttisch)* Ach was! *(Tritt vor ihn hin)* Mann!

Tambourmajor Und du bist auch ein Weibsbild, Sapperment, wir wollen eine Zucht von Tambourmajors anlegen. He? *(Er umfasst sie.)*

Sapperment Ausruf des Erstaunens

Marie *(verstimmt)* Lass mich!

Tambourmajor Wild Tier.

Marie *(heftig)* Rühr mich an!

Tambourmajor Sieht dir der Teufel aus den Augen?

Marie Meintwegen. Es ist Alles eins.

Rühr mich an! Drohung: Wenn du mich anrührst, dann ...

18 | Woyzeck

[7] Auf der Gasse

Marie. Woyzeck

Woyzeck *(sieht sie starr an, schüttelt den Kopf)* Hm! Ich seh
nichts, ich seh nichts. O, man müsst's sehen: man müsst's
greifen können mit Fäusten.
Marie *(verschüchtert)* Was hast du Franz? Du bist hirnwütig,
Franz.
Woyzeck Eine Sünde so dick und so breit. Es stinkt, dass
man die Engelchen zum Himmel hinaus räuchern könnt.
Du hast ein rote Mund, Marie. Kein Blase drauf? Adie,
Marie, du bist schön wie die Sünde. – Kann die Todsünde
so schön sein?
Marie Franz, du redst im Fieber.
Woyzeck Teufel! – Hat er da gestande, so, so?
Marie Dieweil der Tag lang und die Welt alt ist, könne viel
Mensche an eim Platz stehn, einer nach dem andern.
Woyzeck Ich hab ihn gesehen.
Marie Man kann viel sehn, wenn man zwei Augen hat und
man nicht blind ist und die Sonn scheint.
Woyzeck Wirst sehn.
Marie *(keck)* Und wenn auch.

hirnwütig
toll, wahnsinnig

Blase
Ausschlag
Todsünde
→ Seite 122

Dieweil
Solange

7. Szene | **19**

[8] Beim Doktor

Woyzeck. Der Doktor.

Doktor Was erleb ich, Woyzeck? Ein Mann von Wort.

Woyzeck Was denn Herr Doktor?

Doktor Ich hab's gesehn Woyzeck; Er hat auf die Straß gepisst, an die Wand gepisst wie ein Hund. Und doch zwei Groschen täglich. Woyzeck das ist schlecht. Die Welt wird schlecht, sehr schlecht.

Woyzeck Aber Herr Doktor, wenn einem die Natur kommt.

Doktor Die Natur kommt, die Natur kommt! Die Natur! Hab ich nicht nachgewiesen, dass der musculus constrictor vesicae dem Willen unterworfen ist? Die Natur! Woyzeck, der Mensch ist frei, in dem Menschen verklärt sich die Individualität zur Freiheit. Den Harn nicht halten können! *(Schüttelt den Kopf, legt die Hände auf den Rücken und geht auf und ab)* Hat Er schon seine Erbsen gegessen, Woyzeck? – Es gibt eine Revolution in der Wissenschaft, ich sprenge sie in die Luft. Harnstoff, 0,10, salzsaures Ammonium, Hyperoxydul. Woyzeck muss Er nicht wieder pissen? Geh Er eimal hinein und probier Er's.

Woyzeck Ich kann nit Herr Doktor.

Doktor *(mit Affekt)* Aber auf die Wand pissen! Ich hab's schriftlich, den Akkord in der Hand. Ich hab's gesehn, mit diesen Augen gesehn, ich streckte gerade die Nase zum Fenster hinaus und ließ die Sonnestrahlen hinein fallen, um das Niesen zu beobachten. *(Tritt auf ihn los)* Nein Woyzeck, ich ärgere mich nicht, Ärger ist ungesund, ist unwissenschaftlich. Ich bin ruhig, ganz ruhig, mein Puls hat seine gewöhnlichen 60 und ich sag's Ihm mit der größten Kaltblütigkeit! Behüte wer wird sich über einen

---

Groschen kleine Silbermünzen

musculus constrictor vesicae lat. »Blasenschließmuskel« *der Mensch ist frei* → Seite 122

salzsaures Ammonium Salz des Harns *Hyperoxydul* chemische Metallverbindung

Akkord Vertrag

Menschen ärgern, einen Menschen! Wenn es noch ein Proteus wäre, der einem krepiert! Aber Er hätte doch nicht an
die Wand pissen sollen –

Woyzeck Sehn Sie Herr Doktor, manchmal hat man so 'nen
Charakter, so 'ne Struktur. – Aber mit der Natur ist's was
andres, sehn Sie, mit der Natur, *(er kracht mit den
Fingern)* das ist so was, wie soll ich doch sagen, zum
Beispiel –

Doktor Woyzeck, Er philosophiert wieder.

Woyzeck *(vertraulich)* Herr Doktor habe Sie schon was von
der doppelten Natur gesehn? Wenn die Sonn in Mittag
steht und es ist als ging die Welt im Feuer auf, hat schon
eine fürchterliche Stimme zu mir geredt!

Doktor Woyzeck, Er hat eine aberratio.

Woyzeck *(legt den Finger an die Nase)* Die Schwämme Herr
Doktor. Da, da steckts. Haben Sie schon gesehn in was
für Figurn die Schwämme auf dem Boden wachsen? Wer
das lesen könnt.

Doktor Woyzeck Er hat die schönste aberratio mentalis
partialis, zweite Spezies, sehr schön ausgeprägt, Woyzeck
Er kriegt Zulage. Zweite Spezies, fixe Idee, mit allgemein
vernünftigem Zustand, Er tut noch alles wie sonst, rasiert
sein Hauptmann?

Woyzeck Ja wohl.

Doktor Isst sei Erbse?

Woyzeck Immer ordentlich Herr Doktor. Das Geld für die
Menage kriegt die Frau.

Doktor Tut sei Dienst?

Woyzeck Ja wohl.

Doktor Er ist ein interessanter Kasus, Subjekt Woyzeck Er
kriegt Zulag. Halt Er sich brav. Zeig Er sei Puls! Ja.

Proteus
Eidechse
krepiert
elend stirbt

Schwämme
Pilze

*aberratio mentalis
partialis*
teilweise geistige
Verwirrung
→ Seite 122
fixe Idee
krankhafte
Wahnvorstellung

Menage
Verpflegung der
Soldaten

Kasus
Fall
Subjekt
abwertend für:
Mensch

[9] Straße

Hauptmann. Doktor.

Hauptmann Herr Doktor, die Pferde machen mir ganz Angst;
wenn ich denke, dass die armen Bestien zu Fuß gehn
müssen. Rennen Sie nicht so. Rudern Sie mit Ihrem Stock
nicht so in der Luft. Sie hetzen sich ja hinter dem Tod
drein. Ein guter Mensch, der sein gutes Gewissen hat,
geht nicht so schnell. Ein guter Mensch. *(Er erwischt den
Doktor am Rock.)* Herr Doktor erlaube Sie, dass ich ein
Menschenleben rette. Sie schießen …
Herr Doktor, ich bin so schwermütig, ich habe so was
Schwärmrisches, ich muss immer weinen, wenn ich
meinen Rock an der Wand hängen sehe, da hängt er.

Doktor Hm, aufgedunsen, fett, dicker Hals, apoplektische
Konstitution. Ja Herr Hauptmann, Sie können eine
apoplexia cerebralis kriegen, Sie können sie aber vielleicht
auch nur auf der einen Seite bekommen, und dann auf
der einen gelähmt sein, oder aber Sie können im besten
Fall geistig gelähmt werden und nur fort vegetiern, das
sind so ohngefähr Ihre Aussichten auf die nächsten vier
Wochen. Übrigens kann ich Sie versichern, dass Sie einen
von den interessanten Fällen abgeben, und wenn Gott
will, dass Ihre Zunge zum Teil gelähmt wird, so machen
wir die unsterblichsten Experimente.

Hauptmann Herr Doktor erschrecken Sie mich nicht, es sind
schon Leute am Schreck gestorben, am bloßen hellen
Schreck. – Ich sehe schon die Leute mit den Zitronen in
den Händen, aber sie werden sagen, er war ein guter
Mensch, ein guter Mensch – Teufel Sargnagel!

Doktor *(hält seinen Hut hin)* Was ist das, Herr Hauptmann?
Das ist Hohlkopf!

---

apoplexia cerebralis
Gehirnschlag

Zitronen in den Händen
Beerdigungsbrauch
Sargnagel
hier: Schimpfwort für einen Arzt

22 | Woyzeck

Hauptmann *(macht eine Falte in den Hut)* Was ist das, Herr
   Doktor? Das ist Einfalt.
Doktor Ich empfehle mich, geehrtester Herr Exerzierzagel.
Hauptmann Gleichfalls, bester Herr Sargnagel.

Exerzierzagel
→ Seite 122

5   *(Woyzeck kommt die Straße heruntergerannt.)*

Hauptmann Ha Woyzeck, was hetzt Er sich so an mir
   vorbei? Bleib Er doch Woyzeck, Er läuft ja wie ein
   offnes Rasiermesser durch die Welt, man schneidt sich
   an Ihm, Er läuft, als hätt Er ein Regiment Kosack zu
10   rasieren und würde gehenkt über dem letzten Haar nach
   einer Viertelstunde – aber, über die lange Bärte, was
   – wollt ich doch sagen? Woyzeck – die lange Bärte –
Doktor Ein langer Bart unter dem Kinn, schon Plinius
   spricht davon, man muss es den Soldaten abgewöhnen,
15   du, du
Hauptmann *(fährt fort)* Hä? über die lange Bärte? Wie is,
   Woyzeck, hat Er noch nicht ein Haar aus ein Bart in
   seiner Schüssel gefunden? He, Er versteht mich doch,
   ein Haar von einem Menschen, vom Bart eins Sapeur,
20   eins Unteroffizier, eins – eins Tambourmajor? He
   Woyzeck? Aber Er hat eine brave Frau. Geht ihm nicht
   wie andern.
Woyzeck Ja wohl! Was wollen Sie sage, Herr Hauptmann?
Hauptmann Was der Kerl ein Gesicht macht! … muss nun
25   auch nicht in de Suppe, aber wenn Er sich eilt und um
   die Eck geht, so kann Er vielleicht noch auf Paar Lippen
   eins finde, ein Paar Lippen, Woyzeck, ich habe wieder
   die Liebe gefühlt, Woyzeck. Kerl, Er ist ja kreideweiß.
Woyzeck Herr Hauptmann, ich bin ein armer Teufel, – und
30   hab sonst nichts – auf de Welt. Herr Hauptmann, wenn
   Sie Spaß mache –

Kosack
Kosaken, berittene Steppensoldaten

Plinius
→ Seite 122

Sapeur
Pionier; Soldat,
der Brücken und
Gräben baut

9. Szene | **23**

Hauptmann Spaß ich, dass dich Spaß, Kerl!

Doktor Den Puls Woyzeck, den Puls, klein, hart, hüpfend, ungleich.

Woyzeck Herr Hauptmann, die Erd ist hölleheiß, mir eiskalt, eiskalt, die Hölle ist kalt, wollen wir wetten. Unmöglich. Mensch! Mensch! unmöglich.

Hauptmann Kerl, will Er erschoss, will ei Paar Kugeln vor den Kopf haben? Er ersticht mich mit sei Auge, und ich mein es gut mit ihm, weil Er ein guter Mensch ist Woyzeck, ein guter Mensch.

Doktor Gesichtsmuskeln starr, gespannt, zuweilen hüpfend, Haltung aufgerichtet, gespannt.

Woyzeck Ich geh! Es ist viel möglich. Der Mensch! Es ist viel möglich. Wir habe schön Wetter Herr Hauptmann. Sehn Sie, so ein schön festen grauen Himmel, man könnte Lust bekomm, ein Klobe hineinzuschlage und sich daran zu hänge, nur wege des Gedankestrichels zwische ja und nein – ja und nein. Herr Hauptmann, ja und nein? Ist das Nein am Ja oder das Ja am Nein schuld? Ich will drüber nachdenke. *(Geht mit breiten Schritten ab, erst langsam, dann immer schneller)*

Doktor *(schießt ihm nach)* Phänomen, Woyzeck, Zulag.

Hauptmann Mir wird ganz schwindlig, von den Mensche, wie schnell, der lange Schlegel greift aus, es läuft der Schatten von einem Spinnbein, und der Kurze, das zuckelt. Der Lange ist der Blitz und der Kleine der Donner. Haha, hinterdrein. Das hab ich nicht gern! Ein guter Mensch ist dankbar und hat sei Leben lieb, ein guter Mensch hat keine Courage nicht! ein Hundsfott hat Courage! Ich bin bloß in Krieg gegangen, um mich in meiner Liebe zum Leben zu befestigen … von da zur Courage; wie man zu so Gedanken kommt, grotesk! grotesk!

Klobe
Kloben, Haken
aus Eisen

Phänomen
besonderer Typ

Schlegel
Kerl

Courage
frz. »Mut«
Hundsfott
Schimpfwort für:
Schuft
grotesk
widersinnig

[10] Die Wachtstube

Woyzeck. Andres.

Andres *(singt)*

Frau Wirtin hat 'ne brave Magd,

Sie sitzt im Garten Tag und Nacht,

Sie sitzt in ihrem Garten ...

Woyzeck Andres!

Andres Nu?

Woyzeck Schön Wetter.

Andres Sonntagsonnwetter, und Musik vor der Stadt. Vorhin
sind die Weibsbilder hin, die Mensche dämpfe, das geht.

Woyzeck *(unruhig)* Tanz, Andres, sie tanze.

Andres Im Rössel und in Sternen.

Woyzeck Tanz, Tanz.

Andres Meintwege.

Sie sitzt in ihrem Garten

Bis dass das Glöcklein zwölfe schlägt

Und passt auf die Solda-aten.

Woyzeck Andres, ich hab kein Ruh.

Andres Narr!

Woyzeck Ich muss hinaus. Es dreht sich mir vor den Augen.
Was sie heiße Händ habe. Verdammt Andres!

Andres Was willst du?

Woyzeck Ich muss fort.

Andres Mit dem Mensch.

Woyzeck Ich muss hinaus, 's ist so heiß da hie.

Frau Wirtin ...
→ Seite 123

dämpfe
schwitzen

passt auf
wartet auf

Mensch
vgl. Seite 15

10. Szene | **25**

[11] Wirtshaus

Die Fenster offen, Tanz. Bänke vor dem Haus. Burschen.

Erster Handwerksbursch

Ich hab ein Hemdlein an,
Das ist nicht mein.
Meine Seele stinkt nach Brandewein. –

Zweiter Handwerksbursch Bruder, soll ich dir aus Freundschaft ein Loch in die Natur mache? Verdammt! Ich will ein Loch in die Natur machen. Ich bin auch ein Kerl, du weißt, ich will ihm alle Flöh am Leib tot schlage.

Erster Handwerksbursch Meine Seele, mei Seele stinkt nach Brandewein. – Selbst das Geld geht in Verwesung über. Vergissmeinnicht! Wie ist diese Welt so schön. Bruder, ich muss ein Regenfass voll greinen. Ich wollt unsre Nasen wäre zwei Bouteille und wir könnte sie uns einander in de Hals gießen.

(Woyzeck stellt sich ans Fenster. Marie und der Tambourmajor tanzen vorbei, ohne ihn zu bemerken.)

Die Andern *(im Chor)*

Ein Jäger aus der Pfalz,
Ritt einst durch einen grünen Wald,
Halli, hallo, gar lustig ist die Jägerei
Allhier auf grüner Heid
Das Jagen ist mei Freud.

Marie *(im Vorbeitanzen)* Immer zu, immer zu. –

Woyzeck *(erstickt)* Immer zu – immer zu! *(Fährt heftig auf und sinkt zurück auf die Bank)* Immer zu, immer zu. *(Schlägt die Hände ineinander)* Dreht euch, wälzt euch. Warum bläst Gott nicht die Sonn aus, dass Alles in Unzucht sich übernander wälzt, Mann und Weib, Mensch und Vieh. Tut's am hellen Tag, tut's einem auf

---

Brandewein
Branntwein

ein Loch in die Natur machen
mit einem Messer verletzen

greinen
weinen

Bouteille
frz. »(Wein)Flasche«

Ein Jäger aus der Pfalz
Variante eines bekannten Volksliedes

Unzucht
moralisch verurteilender Ausdruck für sexuelles Begehren

den Händen, wie die Mücken. – Weib. – Das Weib ist heiß, heiß! – Immer zu, immer zu. *(Fährt auf)* Der Kerl! Wie er an ihr herumtappt, an ihrn Leib, er, er hat sie … – zu Anfang.

Erster Handwerksbursch *(predigt auf dem Tisch)* Jedoch wenn ein Wandrer, der gelehnt steht an den Strom der Zeit oder aber sich die göttliche Weisheit beantwortet und sich anredet: Warum ist der Mensch? Warum ist der Mensch? – Aber wahrlich ich sage euch, von was hätte der Landmann, der Weißbinder, der Schuster, der Arzt leben sollen, wenn Gott den Menschen nicht geschaffen hätte? Von was hätte der Schneider leben sollen, wenn er dem Menschen nicht die Empfindung der Scham eingepflanzt, von was der Soldat, wenn er ihn nicht mit dem Bedürfnis sich totzuschlagen ausgerüstet hätte. Darum zweifelt nicht, ja ja, es ist lieblich und fein, aber Alles Irdische ist eitel, selbst das Geld geht in Verwesung über. – Zum Beschluss, mei geliebte Zuhörer lasst uns noch übers Kreuz pissen, damit ein Jud stirbt.

Weißbinder
Anstreicher

[12] Freies Feld

Woyzeck Immer zu! immer zu! Still. Musik. – *(Reckt sich gegen den Boden)* He was, was sagt ihr? Lauter, lauter, stich, stich die Zickwolfin tot? Stich, stich die Zickwolfin tot. Soll ich? Muss ich? Hör ich's da auch, sagt's der Wind auch? Hör ich's immer, immer zu, stich tot, tot.

Zickwolfin
Maries Nachname mit weiblicher Endung

12. Szene | **27**

[13] Nacht

Andres und Woyzeck in einem Bett.

Woyzeck *(schüttelt Andres)* Andres! Andres! ich kann nit
schlafe, wenn ich die Auge zumach, dreht sich's immer
und ich hör die Geigen, immer zu, immer zu, und dann
spricht's aus der Wand, hörst du nix?
Andres Ja, – lass sie tanze! Gott behüt uns. Amen.
(Schläft wieder ein)
Woyzeck Es zieht mir zwischen de Auge wie ein Messer.
Andres Du musst Schnaps trinke und Pulver drein, das
schneidt das Fieber.

schneidt
bekämpft, senkt

[14] Wirtshaus

Tambourmajor. Woyzeck. Leute.

Tambourmajor Ich bin ein Mann! *(schlägt sich auf die Brust)*
ein Mann sag ich. Wer will was? Wer kein bsoffe
Herrgott ist der lass sich von mir! Ich wollt ihm die Nas
ins Arschloch prügeln. Ich will – *(zu Woyzeck)* da Kerl,
sauf, der Mann muss saufen. Ich wollt die Welt wär
Schnaps, Schnaps.
Woyzeck *(pfeift)*
Tambourmajor Kerl, soll ich dir die Zung aus dem Hals ziehe
und sie um den Leib herumwickle? *(Sie ringen, Woyzeck
verliert.)* Soll ich dir noch so viel Atem lassen als ein
Altweiberfurz, soll ich?
Woyzeck *(setzt sich erschöpft zitternd auf die Bank)*

der lass sich von
mir
der bleibe mir
vom Hals

Tambourmajor Der Kerl soll dunkelblau pfeifen. Ha.

Brandewein das ist mein Leben

Brandwein gibt Courage!

Einer Der hat sei Fett.

Andrer Er blut.

Woyzeck Eins nach dem andern.

dunkelblau pfeifen ganz unterliegen

Der hat sei Fett Der hat genug abbekommen

[15] Woyzeck. Der Jude

Woyzeck Das Pistolche is zu teuer.

Jud Nu, kauft's oder kauft's nit, was is?

Woyzeck Was kost das Messer?

Jud 's ist ganz, grad. Wollt Ihr Euch den Hals mit abschnei-

de? Nu, was is es? Ich geb's Euch so wohlfeil wie ein

andern, Ihr sollt Euern Tod wohlfeil habe, aber doch nit

umsonst. Was is es? Er soll en ökonomische Tod habe.

Woyzeck Das kann mehr als Brot schneiden.

Jud Zwe Grosche.

Woyzeck Da! *(Geht ab)*

Jud Da! Als ob's nichts wär. Und es is doch Geld. Der

Hund.

wohlfeil günstig

ökonomische Tod preiswerten Tod

Zwe Grosche entspricht Woyzecks täglichem Verdienst

15. Szene | **29**

[16] Marie. Das Kind. Der Idiot

Marie *(blättert in der Bibel)* »Und ist kein Betrug in seinem Munde erfunden …« Herrgott, Herrgott! Sieh mich nicht an. *(Blättert weiter)* » … aber die Pharisäer brachten ein Weib zu ihm, im Ehebruche begriffen und stelleten sie ins Mittel dar. – Jesus aber sprach: So verdamme ich dich auch nicht. Geh hin und sündige hinfort nicht mehr.« *(Schlägt die Hände zusammen)* Herrgott! Herrgott! Ich kann nicht. Herrgott gib mir nur so viel, dass ich beten kann. *(Das Kind drängt sich an sie.)* Das Kind gibt mir einen Stich ins Herz. Fort! Das brüht sich in der Sonne!

Karl *(liegt und erzählt sich Märchen an den Fingern)* Der hat die golden Kron, der Herr König. Morgen hol ich der Frau Königin ihr Kind. Blutwurst sagt: komm Leberwurst *(Er nimmt das Kind und wird still.)*

Marie Der Franz ist nit gekomm, gestern nit, heut nit, es wird heiß hier. *(Sie macht das Fenster auf.)* »… Und trat hinein zu seinen Füßen und weinete und fing an seine Füße zu netzen mit Tränen und mit den Haaren ihres Hauptes zu trocknen und küssete seine Füße und salbete sie mit Salben.« *(Schlägt sich auf die Brust)* Alles tot! Heiland, Heiland ich möchte dir die Füße salben.

[17] Kaserne

Andres. Woyzeck, kramt in seinen Sachen.

Woyzeck Das Kamisolche Andres, ist nit zur Montur, du
kannst's brauche, Andres. Das Kreuz is mei Schwester
und das Ringlein, ich hab auch noch ein Heiligen, zwei
Herze und schön Gold, es lag in meiner Mutter Bibel,
und da steht:

> Leiden sei all mein Gewinst,
> Leiden sei mein Gottesdienst,
> Herr wie dein Leib war rot und wund,
> So lass mein Herz sein aller Stund.

Mei Mutter fühlt nur noch, wenn ihr die Sonn auf die
Händ scheint. Das tut nix.

Andres *(ganz starr, sagt zu Allem:)* Ja wohl.

Woyzeck *(zieht ein Papier heraus)* Friedrich Johann Franz
Woyzeck, geschworner Füsilier im 2. Regiment,
2. Bataillon 4. Kompagnie, geboren Mariä Verkündigung,
ich bin heut, den 20. Juli, alt 30 Jahr, 7 Monat und 12
Tage.

Andres Franz, du kommst ins Lazarett. Armer, du musst
Schnaps trinke und Pulver drei, das tödt das Fieber.

Woyzeck Ja Andres, wann der Schreiner die Hobelspän
sammelt, es weiß niemand, wer sein Kopf drauf lege
wird.

Kamisolche
kurze Unterjacke
ist nit zur Montur
gehört nicht zur
Soldatenbeklei-
dung
ein Heiligen
ein Heiligenbild

*geschworner
Füsilier*
Soldat der
Infanterie, der
den Fahneneid
geleistet hat

[18] Der Hof des Professors

Studenten unten, der Professor am Dachfenster.

Professor Meine Herrn, ich bin auf dem Dach, wie David, als er die Bathseba sah; aber ich sehe nichts als die culs de Paris der Mädchenpension im Garten trocknen. Meine Herrn wir sind an der wichtigen Frage über das Verhältnis des Subjektes zum Objekt. Wenn wir nur eins von den Dingen nehmen, worin sich die organische Selbstaffirmation des Göttlichen, auf einem der hohen Standpunkte manifestiert, und ihre Verhältnisse zum Raum, zur Erde, zum Planetarischen untersuchen, meine Herrn, wenn ich diese Katze zum Fenster hinauswerf, wie wird diese Wesenheit sich zum centrum gravitationis und dem eignen Instinkt verhalten. He Woyzeck, *(brüllt)* Woyzeck!

Woyzeck Herr Professor sie beißt.

Professor Kerl, Er greift die Bestie so zärtlich an, als wär's sei Großmutter.

Woyzeck Herr Doktor ich hab's Zittern.

Doktor *(ganz erfreut)* Ei, Ei, schön Woyzeck *(Reibt sich die Hände. Er nimmt die Katze.)* Was seh ich meine Herrn, die neue Spezies Hasenlaus, eine schöne Spezies, wesentlich verschieden, enfoncé, der Herr Doktor. *(Er zieht eine Lupe heraus.)* Rizinus, meine Herrn – *(Die Katze läuft fort.)* Meine Herrn, das Tier hat kein wissenschaftlichen Instinkt

Professor Rizinus, herauf, die schönsten Exemplare, bringen Sie Ihre Pelzkragen!

Doktor Meine Herrn, Sie können dafür was andres sehen, sehn Sie der Mensch, seit einem Vierteljahr isst er nichts

---

David ...
Bathseba
→ Seite 124
culs de Paris
Polster, die Frauen unter den Röcken trugen

Affirmation
Bestätigung
sich manifestiert
sich zeigt

centrum gravitationis
lat. eigtl. »centrum gravitatis«, Schwerpunkt

enfoncé
frz. »überzeugend, verständlich«
Rizinus
Pelzlaus

als Erbsen, beachte Sie die Wirkung, fühle Sie einmal was ein ungleicher Puls, da, und die Augen.

Woyzeck Herr Doktor es wird mir dunkel. *(Er setzt sich.)*

Doktor Courage Woyzeck noch ein paar Tage, und dann ist's fertig, fühlen Sie, meine Herrn, fühlen Sie. *(Sie betasten ihm Schläfe, Puls und Busen.)*

A propos, Woyzeck, beweg den Herren doch einmal die Ohre, ich hab es Ihnen schon zeigen wollen. Zwei Muskeln sind bei ihm tätig. Allons frisch!

Woyzeck Ach Herr Doktor!

Doktor Bestie, soll ich dir die Ohre bewege, willst du's machen wie die Katze! So meine Herrn, das sind so Übergänge zum Esel, häufig auch in Folge weiblicher Erziehung, und die Muttersprache. Wie viel Haare hat dir dei Mutter zum Andenke schon ausgerissen aus Zärtlichkeit? Sie sind dir ja ganz dünn geworden, seit ein paar Tagen, ja die Erbse, meine Herren.

A propos
frz. »übrigens, nebenbei bemerkt«
Allons
frz. »Auf geht's«

[19] Marie mit Mädchen vor der Haustür

Mädchen *(singen)*

Wie scheint die Sonn Sankt Lichtmesstag
Und steht das Korn im Blühn.
Sie ginge wohl die Straße hin,
Sie ginge zu zwei und zwein.
Die Pfeifer gingen vorn
Die Geiger hinter drein.
Sie hatte rote …

Sankt Licht-messtag
→ Seite 124

Erstes Kind 's ist nit schön.

Zweites Kind Was wills du auch immer.

Erstes Kind Was hast zuerst angefange.

Zweites Kind Ich kann nit.

Andere *(abwechselnd dazwischen)* Warum? Darum! Aber
warum darum?

Anderes Es muss sing.

Kinder Marieche sing du uns.

Marie Kommt ihr klei Krabbe!

Ringle, ringel Rosekranz,

König Herodes.

…

Großmutter erzähl!

Großmutter Es war eimal ein arm Kind und hat kein Vater
und kei Mutter, war Alles tot und war Niemand mehr
auf der Welt. Alles tot, und es ist hingangen und hat gerrt
Tag und Nacht. Und wie auf der Erd Niemand mehr
war, wollt's in Himmel gehn, und der Mond guckt es so
freundlich an und wie's endlich zum Mond kam, war's
ein Stück faul Holz und da es zur Sonn gangen und
wie's zur Sonn kam, war's ein verwelkt Sonneblum und
wie's zu den Sterne kam warn's klei golde Mücke, die
warn angesteckt wie der Neuntöter sie auf die Schlehe
steckt, und wie's wieder auf die Erd wollt, war die Erd
ein umgestürzter Hafen und war ganz allein und da hat
sich's hingesetzt und gerrt und da sitzt es noch und ist
ganz allein.

Woyzeck Marie!

Marie *(erschreckt)* Was ist?

Woyzeck Marie wir wolle gehn, 's ist Zeit.

Marie Wohinaus?

Woyzeck Weiß ich's?

[20] Marie und Woyzeck

Marie Also dort hinaus ist die Stadt, 's ist finster.

Woyzeck Du sollst noch bleiben. Komm setz dich.

Marie Aber ich muss fort.

Woyzeck Du würdst dir die Füße nicht wund laufen.

Marie Wie bist du denn auch!

Woyzeck Weißt du auch wie lang es jetzt ist Marie?

Marie Um Pfingsten zwei Jahr.

Woyzeck Weißt du auch wie lang es noch sein wird?

Marie Ich muss fort, der Nachttau fällt.

Woyzeck Friert's dich, Marie, und doch bist du warm. Was du heiße Lippen hast! – heiß, heißn Hurenatem und doch möcht ich den Himmel gebe sie noch einmal zu küsse – und wenn man kalt ist, so friert man nicht mehr. Du wirst vom Morgentau nicht friern.

Marie Was sagst du?

Woyzeck Nix.

(Schweigen)

Marie Was der Mond rot aufgeht.

Woyzeck Wie ein blutig Eisen.

Marie Was hast du vor? Franz, du bist so blass. Franz halt. Um des Himmels willen, Hü- Hülfe!

Woyzeck Nimm das, und das! Kannst du nicht sterbe? So! so! Ha sie zuckt noch, noch nicht noch nicht? Immer noch? *(Stößt zu)* Bist du tot? Tot! Tot! *(Es kommen Leute, läuft weg.)*

20. Szene

[21] Es kommen Leute

Erste Person Halt!

Zweite Person Hörst du? Still! Dort!

Erste Person Uu! Da! Was ein Ton.

Zweite Person Es ist das Wasser, es ruft, schon lang ist
Niemand ertrunken. Fort, 's ist nicht gut, es zu hören.

Erste Person Uu, jetzt wieder. Wie ein Mensch der stirbt.

duftig **Zweite Person** Es ist unheimlich, so duftig – halb Nebel,
dunstig grau, und das Summen der Käfer, wie gesprungne
Glocke. Fort!

Erste Person Nein, zu deutlich, zu laut. Da hinauf.
Komm mit.

[22] Das Wirtshaus

Woyzeck Tanzt alle, immer zu, schwitzt und stinkt, er holt
euch doch einmal Alle.

(*Singt*) Frau Wirtin hat 'ne brave Magd.
       Sie sitzt im Garten Tag und Nacht,
       Sie sitzt in ihrem Garten
       Bis dass das Glöcklein zwölfe schlägt
       Und passt auf die Soldate.

(*Er tanzt.*) So Käthe! setz dich! Ich hab heiß! heiß, (*er
zieht den Rock aus*) es ist eimal so, der Teufel holt die
eine und lässt die andre laufen. Käthe du bist heiß!
Warum denn Käthe? Du wirst auch noch kalt werden.
Sei vernünftig. Kannst du nicht singe?

Käthe   Ins Schwabeland, das mag ich nicht,
         Und lange Kleider trag ich nicht,
         Denn lange Kleider, spitze Schuh,
         Die kommen keiner Dienstmagd zu.

Woyzeck Nein, kei Schuh, man kann auch ohne Schuh in die Höll gehn.

Käthe O pfui mein Schatz, das war nicht fein.
Behalt dei Taler und schlaf allein.

Woyzeck Ja wahrhaftig, ich möchte mich nicht blutig mache.

Käthe Aber was hast du an dei Hand?

Woyzeck Ich? Ich?

Käthe Rot! Blut. *(Es stellen sich Leute um sie.)*

Woyzeck Blut? Blut?

Wirt Uu Blut.

Woyzeck Ich glaub ich hab mich geschnitte, da an die rechte Hand.

Wirt Wie kommt's aber an de Ellenbog?

Woyzeck Ich hab's abgewischt.

Wirt Was, mit der rechten Hand an de rechte Ellboge? Ihr seid geschickt.

Narr Und da hat de Ries gesagt: ich riech, ich riech, ich riech Menschefleisch. Puh! Der stinkt schon.

Woyzeck Teufel, was wollt Ihr? Was geht's Euch an? Platz! oder de erste – Teufel! Meint Ihr ich hätt jemand umgebracht? Bin ich Mörder? Was gafft Ihr! Guckt Euch selbst an! Platz da. *(Er läuft hinaus.)*

Und da hat de Ries ... Menschefleisch.
→ Seite 124

[23] Woyzeck allein

Woyzeck Das Messer? Wo ist das Messer? Ich hab es da gelasse. Es verrät mich! Näher, noch näher! Was ist das für ein Platz? Was höre ich? Es rührt sich was. Still. Da in der Nähe. Marie? Ha Marie! Still. Alles still! Da liegt was! kalt, nass, stille. Weg von dem Platz. Das Messer, das Messer, hab ich's? So! Leute. – Dort. *(Er läuft weg.)*

[24] Woyzeck an einem Teich

Woyzeck So, da hinunter! *(Er wirft das Messer hinein.)* Es taucht in das dunkle Wasser, wie Stein! Der Mond ist wie ein blutig Eisen! Will denn die ganze Welt es ausplaudern? Nein es liegt zu weit vorn, wenn sie sich bade, *(er geht in den Teich und wirft weit)* so jetzt, aber im Sommer, wenn sie tauchen nach Muscheln, bah, es wird rostig! Wer kann's erkennen. Hätt' ich es zerbroche! Bin ich noch blutig? Ich muss mich wasche. Da ein Fleck und da noch einer.

[25] Kinder

Erstes Kind Fort. Mariechen!
Zweites Kind Was is?
Erstes Kind Weißt du's nit? Sie sind schon alle hinaus. Drauß liegt eine?
Zweites Kind Wo?
Erstes Kind Links über die Lochschanz in die Wäldche, am roten Kreuz.
Zweites Kind Fort, dass wir noch was sehen. Sie trage sonst hinein.

[26] Gerichtsdiener. Arzt. Richter

Gerichtsdiener Ein guter Mord, ein echter Mord, ein schöner Mord, so schön als man ihn nur verlangen tun kann, wir haben schon lange so kein gehabt.

[27] Der Idiot. Das Kind. Woyzeck

Karl *(hält das Kind vor sich auf dem Schoß)* Der ist ins Wasser gefallen, der is ins Wasser gefalle, nein, der is ins Wasser gefalle.

Woyzeck Bub, Christian.

Karl *(sieht ihn starr an)* Der is ins Wasser gefalle.

Woyzeck *(will das Kind liebkosen, es wendet sich weg und schreit.)* Herrgott!

Karl Der is ins Wasser gefalle.

Woyzeck Christianche, du bekommst en Reuter, sa sa. *(Das Kind wehrt sich. Zu Karl)* Da kauf dem Bub en Reuter.

Karl *(sieht ihn starr an)*

Woyzeck Hop! hop! Ross.

Karl *(jauchzend)* Hop. hop! Ross! Ross. *(Läuft mit dem Kind weg)*

Der ist ins Wasser gefallen
hessischer Abzählreim

27. Szene | **39**

Texte • **Medien**

Materialien

Biografie

Lebenschronik

Georg Büchner, um 1831. Porträtzeichnung von August Hoffmann

1813 Am 17. Oktober wird Karl Georg Büchner in Goddelau bei Darmstadt als ältester Sohn von Ernst Büchner (1786–1861) und Caroline Büchner, geb. Reuß (1791–1858) geboren. Büchner hat noch sieben jüngere Geschwister, von denen zwei früh versterben.

1816 Die Familie zieht nach Darmstadt, wohin der Vater als Kreisarzt versetzt wird.

1821 Büchner besucht die freigeistige, von dem Theologen Karl Weitershausen geleitete »Privat-Erziehungs- und Unterrichts-Anstalt«.

1825 Bis 1831 besucht Büchner das Großherzogliche Gymnasium in Darmstadt. Er wird von kritischen und fortschrittlichen Lehrern unterrichtet und begeistert sich für die Französische Revolution von 1789.

1830 Juli-Revolution in Paris. Büchner tritt in einer Rede in der Schule für die Idee der Freiheit ein.

Der Marktplatz in Darmstadt. Zeichnung von Wilhelm Merck (1782–1820). Im zweiten Haus von rechts wohnte die Familie Büchner 1819/20.

Biografie | **43**

Wilhelmine
Jaeglé,
um 1830

1831 Am 9. November beginnt Büchner das Studium der Medizin an der Universität in Straßburg. Er wohnt bei dem Pfarrer und Gelegenheitsdichter Johann Jakob Jaeglé und dessen Tochter Wilhelmine.

1832 Im März/April erkrankt Büchner. Er verlobt sich heimlich mit Wilhelmine Jaeglé (1810–1880). Im Mai hält er vor den Mitgliedern einer Studentenverbindung eine Rede über die politischen Zustände in Deutschland. Von August bis Oktober lebt Büchner in Darmstadt.

1833 Im Juli unternimmt Büchner mit Freunden, den Brüdern Stöber, eine Wanderung durch die Vogesen. Am 31. Oktober wechselt er die Universität und schreibt sich für Medizin an der Hessischen Landesuniversität in Gießen ein. Im November kehrt Büchner wegen einer leichten Hirnhautentzündung für einige Wochen ins Elternhaus nach Darmstadt zurück. Er erkrankt an einer Depression. An August Stöber schreibt er am 9. Dezember: »Die politischen Verhältnisse könnten mich rasend machen. Das arme Volk schleppt geduldig

44 | Materialien

den Karren, worauf die Fürsten und Liberalen ihre Affenkomödie spielen. Ich bete jeden Abend zum Hanf und zu den Laternen.«

zum Hanf und zu den Laternen Anspielung auf erhängte Adlige

1834 Wiederaufnahme des Studiums in Gießen. Aus einer schweren Depression heraus schreibt Büchner Ende Januar an Wilhelmine Jaeglé: »Ich studierte die Geschichte der Revolution. Ich fühlte mich wie zernichtet unter dem grässlichen Fatalismus der Geschichte. Ich finde in der Menschennatur eine entsetzliche Gleichheit, in den menschlichen Verhältnissen eine unabwendbare Gewalt, allen und keinem verliehen. Der Einzelne nur Schaum auf der Welle, die Größe ein bloßer Zufall, die Herrschaft des Genies ein Puppenspiel, ein lächerliches Ringen gegen ein ehernes Gesetz, es zu erkennen das Höchste, es zu beherrschen unmöglich. Es fällt mir nicht mehr ein, vor den Paradegäulen und Eckstehern der Geschichte mich zu bücken. Ich gewöhnte mein Auge ans Blut. Aber ich bin kein Guillotinenmesser. Das *muss* ist eins von den Verdammungsworten, womit der Mensch getauft worden. Der Ausspruch: es muss ja Ärgernis kommen, aber wehe dem, durch den es kommt, – ist schauderhaft. Was ist das, was in uns lügt, mordet, stiehlt? Ich mag dem Gedanken nicht weiter nachgehen.«

Paradegäulen und Eckstehern herausragenden historischen Gestalten

Im Januar lernt Büchner den Herausgeber einer illegalen Oppositionszeitschrift, Friedrich Ludwig Weidig, kennen. Mit ihm verfasst er von März bis Juli zusammen die Flugschrift »Der Hessische Landbote«, die die hessischen Bauern und Handwerker über ihre Ausbeutung durch den Staat aufklären soll.

Im Frühjahr gründet Büchner zusammen mit anderen die geheime revolutionäre »Gesellschaft der Menschenrechte« in Gießen, im April konstituiert sich eine gleichnamige Sektion in Darmstadt. Büchner nimmt an den Projekten des überregionalen »Preßvereins« teil, der Gefangene befreit und ihnen zur Flucht verhilft. Am 26. März besucht er seine Braut Wilhelmine Jaeglé in Straßburg.

Am 1. August wird durch Verrat Büchners Darmstädter Freund Karl Minnigerode verhaftet, als er versucht, 100 Exemplare des »Hessischen Landboten« nach Gießen zu bringen. Büchner bleibt zunächst unbehelligt und kehrt Mitte September zurück nach Darmstadt, wo die offizielle Verlobung mit seiner Braut stattfindet. Im November wird eine zweite Auflage des »Hessischen Landboten« gedruckt.

1835 Ab Mitte Januar schreibt Büchner innerhalb von fünf Wochen das Geschichtsdrama »Dantons Tod«.

Erstausgabe von »Dantons Tod«, 1835

In »Dantons Tod« wird die politische und persönliche Auseinandersetzung der beiden gegensätzlichen Führer der Französischen Revolution, Robespierre und Danton, thematisiert, die in der Verurteilung und Hinrichtung Dantons endet. Das Stück erscheint, vermittelt durch Büchners Schriftstellerkollegen Karl Gutzkow und für die Zensur stark »entschärft«, am 11. Juli. Am 9. März flieht Büchner aus Angst vor Verhaftung nach Straßburg, wo er die erste Zeit im Verborgenen lebt. Er verdient Geld, indem er die Werke »Lucrèce Borgia« und »Marie Tudor« des französischen Dichters Victor Hugo übersetzt. Im Rahmen einer Reihe von Verhaftungen in Hessen wird am 13. Juni auch ein Steckbrief gegen Büchner erlassen, der in Darmstädter und Frankfurter Zeitungen publiziert wird.

Büchners Steckbrief in der »Großherzoglich Hessischen Zeitung«

Seit Mai arbeitet Büchner an der Novelle »Lenz«, einer Erzählung über die psychische Krise des Sturm-und-Drang-Dichters Jakob Michael Reinhold Lenz (1751–1792), mit dem Büchner eine innere Beziehung verbindet. Die Novelle bleibt Fragment, und Büchner arbeitet zunächst weiter auf medizinischem Gebiet.

1836 Im Winter 1835/1836 forscht Büchner über die Kopfnerven von Flussbarben und findet mit seinen Ergebnissen großen Beifall bei der Straßburger Naturhistorischen Gesellschaft. Mit der ausgearbeiteten Abhandlung wird Büchner am 3. September an der Universität Zürich zum Doktor promoviert. Am 18. Oktober zieht er nach Zürich, wo er Privatdozent an der Universität wird und Vorlesungen über vergleichende Anatomie hält. Er erhält eine vorläufige Aufenthaltsgenehmigung für zunächst sechs Monate. Seit Juni arbeitet Büchner an der Komödie »Leonce und Lena« und an dem Drama »Woyzeck«, das Fragment bleibt. »Leonce und Lena« erscheint nach Büchners Tod 1838 in Fortsetzungen in der von Gutzkow herausgegebenen Zeitung »Telegraph für Deutschland«. Die Novelle »Lenz« wird 1839 im »Telegraph für Deutschland« veröffentlicht.

1837 Am 2. Februar erkrankt Büchner an Typhus. Geschwächt durch Überarbeitung und mangelnde Ernährung, fällt er am 11. Februar ins Fieberdelirium. Am 17. Februar trifft Büchners Verlobte Wilhelmine Jaeglé in Zürich ein.

Am 19. Februar stirbt Büchner. Er wird am 21. Februar auf einem Friedhof in Zürich beigesetzt.

Georg Büchner. Bleistiftzeichnung von Alexis Muston, 1833

»Dieser Büchner war ein toller Hund. Nach kaum 23 oder 24 Jahren verzichtete er auf weitere Existenz und starb. Es scheint, die Sache war ihm zu dumm. […] Büchner, das war ein Revolutionär vom reinsten Wasser.«

Alfred Döblin, 1921

Biografie | **49**

Arbeitsanregungen

1. Vergleichen Sie die Porträts des Dichters auf Seite 42 und 49. Beschreiben und charakterisieren Sie den Autor anhand der Porträts und des Steckbriefes (S. 47).

2. Erläutern Sie – im Rückgriff auf die Lebenschronik des Dichters – die Äußerung von Alfred Döblin (S. 49).

3. Informieren Sie sich über ein weiteres Werk des Autors. Verfassen Sie zu ihm eine Inhaltsangabe. Stellen Sie dabei mögliche Parallelen zu »Woyzeck« her.

4. Sie sind Journalist und schreiben anlässlich des 175. Todesjahres des Autors einen Artikel, in dem Sie Leben und Werk Büchners und dessen Aktualität vorstellen.

5. Welche einschneidenden politischen Ereignisse in Deutschland und Europa prägten Büchners Lebenswelt? Zeigen Sie auf, welche Auswirkungen im Leben und Werk des Dichters festzustellen sind.

6. Im Mai 1832 hielt Büchner in einer Studentenverbindung eine Rede über die politischen Zustände in Deutschland. Was könnte ihn dazu veranlasst haben? Versetzen Sie sich in seine Situation und skizzieren Sie die Hauptgedanken seiner Rede.

Entstehung

»Woyzeck« – ein Fragment

Es gibt nur wenige Zeugnisse, aus denen man auf die Entstehungszeit des »Woyzeck« schließen kann. Am 2. September 1836 schreibt Büchner an seine Familie, er sei »gerade daran, sich einige Menschen auf dem Papier totschlagen oder verheiraten zu lassen«. Hiermit sind vermutlich die Tragödie »Woyzeck« (»totschlagen«) und das Lustspiel »Leonce und Lena« (»verheiraten«) gemeint.

Büchner schrieb »Woyzeck« wahrscheinlich im Sommer und Herbst 1836. Allerdings schloss er das Stück, das erst 1878 erstmals als Ganzes veröffentlicht wurde, nicht in einer vollendeten Fassung ab. Stattdessen liegen nur vier titellose Fragmente als Handschriften vor, die Szenengruppen und Einzelszenen enthalten, vermutlich aus verschiedenen Entstehungszeiten. Alle Herausgeber des »Woyzeck« stehen deshalb vor der schwierigen Aufgabe, aus diesen Handschriften einen les- und spielbaren, aber auch den Intentionen des Autors so nahe wie möglich kommenden Text herzustellen. Wie Büchner sein Werk endgültig verfasst hätte, lässt sich nicht beantworten. Vor allem bleibt offen, wie er sich den Schluss des Dramas vorgestellt hat, denn die größte zusammenhängende Handschrift H 4, die den meisten Ausgaben als fortgeschrittenster Entwurf zugrunde gelegt wird, hört mit der Szene auf, in der Woyzeck Andres die Sachen aus seinem Besitz schenkt (S. 31). Die Forschung ist sich heute weitgehend darüber einig, dass im Anschluss hieran Szenen aus der Handschrift H 1 ergänzt werden können, in denen Büchner den

Mordfall bereits ausgearbeitet hatte. Aber mit welcher Szene das Stück enden sollte, wird sich niemals ganz klären lassen. Die neueren Ausgaben weichen heute dennoch zumeist nur noch in der Frage voneinander ab, wo die beiden überlieferten Einzelszenen »Der Hof des Professors« (in unserer Ausgabe die 18. Szene) und »Der Idiot. Das Kind. Woyzeck« (27. Szene) einzufügen sind.

Aber nicht nur die Anordnung der Einzelszenen bereitet Kopfzerbrechen; hinzu kommt, dass die Handschriften Büchners sehr schwer zu entziffern sind und, da es sich noch nicht um Reinschriften für den Druck handelt, gewisse persönliche Besonderheiten wie Abkürzungen am Wortende enthalten. Diese wurden teilweise als Darstellung des hessischen Dialektes, teilweise als arbeitsökonomische Vorgehensweise Büchners aufgefasst und entsprechend im Druck übernommen oder ergänzt (vgl. z.B. Maries Ausspruch »Da komme sie«, S. 10, Z. 7; in manchen Ausgaben steht stattdessen »Da kommen sie«).

Jan-Christoph Hauschild

Der historische Fall Woyzeck ——————— 1993

authentischer
verbürgter, wirk-
lich vorgekom-
mener

Hintergrund war ein authentischer Fall, der seinerzeit für Aufregung gesorgt hatte, nicht wegen der Art des Verbrechens, sondern wegen der öffentlich geführten Diskussion um die Zurechnungs- und damit Straffähigkeit des Täters im Augenblick der Tat. Am 2. Juni 1821 hatte in Leipzig der 41-jährige stellungslose »Perückenmachergesell« Johann Christian Woyzeck seine gelegentliche Geliebte, die 46-jährige Witwe Johanna Christiane Woost, erstochen. […]

Täter und Opfer kannten sich seit rund 25 Jahren. Johann

Christian Woyzeck war 1780 in Leipzig als zweites Kind eines aus Polen zugewanderten Perückenmachers geboren. Seine Eltern starben beide an der Lungenschwindsucht, die Mutter 1788, der Vater 1793. Mit 13 Jahren begann er eine Lehre im väterlichen Gewerbe. Johanna Christiane Woost, geb. Otto war die Stieftochter seines letzten Lehrherrn und bereits seit ihrem 15. Lebensjahr mit einem Chirurgen verheiratet. Von 1798 bis 1804 war Woyzeck als wandernder Geselle durch Deutschland gezogen, ohne kaum je irgendwo feste Arbeit in seinem Beruf zu finden, und hatte sich durch allerlei Gelegenheitsarbeiten über Wasser gehalten. Während der Napoleonischen Kriege verpflichtete er sich, »weil sein Gewerbe immer schlechter« ging, zunächst bei der holländischen Armee und stand danach, bedingt durch Gefangenschaft oder Desertion, in wechselnden Diensten, insgesamt 12 Jahre lang.

Napoleonischen Kriege
→ Seite 125

Desertion
Fahnenflucht

Woyzecks Misere begann bereits während seiner Militärzeit: Seine Geliebte in Stralsund, mit der er ein Kind gezeugt hatte und die er wegen des Militärreglements nicht heiraten konnte, betrog ihn in seiner Abwesenheit mit andern Soldaten; er litt schwer unter der Eifersucht, reagierte mit einer »Veränderung im Gemütszustand«, depressiven Schüben und Alkoholismus. In derselben Zeit wurde er zum ersten Mal straffällig und musste wegen Diebstahls eine sechsmonatige Strafe verbüßen. Nach seinem Armeeabschied war er immer häufiger »tiefsinnig«, litt unter optischen und akustischen Halluzinationen; Anzeichen von Verfolgungswahn stellten sich ein. Zuletzt deutete alles auf eine schwere Psychose.

depressiven Schüben
Phasen krankhafter Niedergeschlagenheit

Halluzinationen
Wahnvorstellungen, Sinnestäuschungen
Psychose
Geisteskrankheit

Zu der psychischen kam die soziale Misere. Im Anschluss an seine Militärzeit versuchte sich Woyzeck erneut als Gelegenheitsarbeiter in wechselnden Berufen und an verschiedenen Orten. Im Dezember 1818 landete er schließlich wieder in seiner Heimatstadt Leipzig. Ein Versuch, dort als Stadtsol-

Entstehung | **53**

Johann Christian Woyzeck, Federlithografie, 1824

Schlafgeld Geld für die nächtliche Unterkunft

dat angenommen zu werden, scheiterte an seinem unehrenhaften Armeeabschied. Zuletzt war Woyzeck ohne Arbeit und, »weil er kein Schlafgeld bezahlen« konnte, auch obdachlos gewesen, »im Felde und an den einsamsten Orten umhergestrichen, bis ihn der Hunger dann und wann in die Stadt« trieb, wo er entweder eine Mahlzeit oder ein Almosen erbettelte. Auch unmittelbar vor der Tat hatte er »mehrere Nächte unter freiem Himmel zugebracht«. Sein Verhältnis mit Johanna Christiane Woost, die seit 1813 verwitwet war und bei ihrer Stiefmutter Knobloch lebte, stammte aus der Zeit, als Woyzeck, wenige Wochen nach seiner Rückkehr, für die Dauer von 16 Monaten als Untermieter bei Witwe Knobloch eingezogen war. Es war allerdings nicht die einzige sexuelle Beziehung, die die 46-Jährige unterhielt. »Wegen ihres häufigen Umganges mit Soldaten« wurde sie von dem eifersüchtigen Woyzeck »mehrere Male gemisshandelt«; der

»fleischliche Umgang« zwischen beiden war »dennoch nicht unterblieben«. Eine nicht eingehaltene Verabredung und die anschließende Zurückweisung Woyzecks wurde zum Auslöser für die Tat.

Woyzeck wurde unmittelbar nach der Tat gefasst. Es folgten die üblichen Ermittlungen und Verhöre und auf Antrag von Woyzecks Verteidiger eine gerichtsärztliche Untersuchung durch den Leipziger Stadtphysikus Hofrat Prof. Dr. Johann Christian August Clarus (1774–1854), einen erfahrenen und angesehenen Gerichtsmediziner […].

Die Verteidigung verlangte später ein zweites Gutachten, das am 28. 2. 1823 vorgelegt wurde.

Johann Christian August Clarus

Die Zurechnungsfähigkeit des Mörders Johann Christian Woyzeck ⎯⎯⎯⎯⎯ 28. 2. 1823

Am 21. Juni des Jahres 1821, Abends um halbzehn Uhr, brachte der Friseur Johann Christian Woyzeck, ein und vierzig Jahr alt, der sechs und vierzig jährigen Witwe des verstorbenen Chirurgus Woost, Johannen, Christianen, gebornen Otto'in in dem Hausgange ihrer Wohnung auf der Sandgasse, mit einer abgebrochenen Degenklinge, an welche er desselben Nachmittags einen Griff hatte befestigen lassen, sieben Wunden bei, an denen sie nach wenigen Minuten ihren Geist aufgab, und unter denen eine penetrierende Brustwunde, welche die erste Zwischenrippenschlagader zerschnitten, beide Säcke des Brustfelles durchdrungen, und den niedersteigenden Teil der Aorta, an einer der Kunsthülfe völlig unzugänglichen Orte, durchbohrt hatte, bei der am folgenden Tage unternommenen gerichtlichen Sektion, so wie in dem darüber

penetrierende
tief eindringende

Aorta
Hauptschlagader
Sektion
Leichenöffnung

ausgefertigten Physikatsgutachten (den 2. Juli 1821), für *unbedingt und absolut tödlich* erachtet wurde.

Der Mörder wurde gleich nach vollbrachter Tat ergriffen, bekannte selbige sofort unumwunden, rekognoszierte vor dem Anfange der gerichtlichen Sektion, sowohl das bei ihm gefundene Mordinstrument, als den Leichnam der Ermordeten, und bestätigte die Aussagen der abgehörten Zeugen, so wie seine eigenen, nach allen Umständen bei den summarischen Vernehmungen und im artikulierten Verhöre.

Nachdem bereits die erste Verteidigungsschrift eingereicht worden war (den 16. August 1821), fand sich der Verteidiger, durch eine in auswärtigen öffentlichen Blättern verbreitete Nachricht, daß Woyzeck früher mit periodischem Wahnsinn behaftet gewesen, bewogen, auf eine gerichtsärztliche Untersuchung seines Gemütszustandes anzutragen (am 23. August 1821).

In den dieserhalb mit dem Inquisiten gepflogenen fünf Unterredungen (am 26., 28. und 29. August; und am 3. und 14. September), führte derselbe zwar an, daß er sich schon seit seinem dreißigsten Jahre zuweilen in einem Zustande von Gedankenlosigkeit befunden, und daß ihm bei einer solchen Gelegenheit einmal Jemand gesagt habe: »du bist verrückt und weißt es nicht«, zeigte aber in seinen Reden und Antworten, ohne alle Ausnahme, Aufmerksamkeit, Besonnenheit, Überlegung, schnelles Auffassen, richtiges Urteil und ein sehr treues Gedächtnis, dabei aber weder Tücke und Bosheit, noch leidenschaftliche Reizbarkeit oder Vorherrschen irgendeiner Leidenschaft oder Einbildung, desto mehr aber moralische Verwilderung, Abstumpfung gegen natürliche Gefühle, und rohe Gleichgültigkeit, in Rücksicht auf Gegenwart und Zukunft. – Mangel an äußerer und innerer Haltung, kalter Mißmut, Verdruß über sich selbst, Scheu vor dem Blick in sein Inneres, Mangel an Kraft und Willen sich zu erheben, Bewußtsein der Schuld, ohne die Regung, sie durch Darstellung seiner Bewegungsgründe, oder durch irgendeinen Vorwand zu vermindern und zu beschönigen, aber auch ohne sonderliche Reue, ohne Unruhe und Gewissensangst, und gefühlloses Erwarten des Ausganges seines Schicksals waren die Züge, welche seinen *damaligen* Gemütszustand bezeichneten. – Unter diesen Umständen fiel das von mir abgefaßte gerichtsärztliche Gutachten (den 16. Sept. 1821) dahin aus, daß:

1) der von dem Inquisiten (rücksichtlich seiner Gedankenlosigkeit u.s.w.) angeführte Umstand, obgleich zur gesetzmäßigen Vollständigkeit der Untersuchung gehörend, dennoch, weil er vor der Hand noch bloß auf der eigenen Aussage des Inquisiten beruhe, bei der *gegenwärtigen* Begutachtung nicht zu berücksichtigen, und *dieserhalb weitere Bestätigung abzuwarten sei;*

2) die über die gegenwärtige körperliche und geistige Verfassung des Inquisiten angestellten Beobachtungen kein Merkmal an die Hand gäben, welches auf das Dasein eines kranken, die freie Selbstbestimmung und die Zurechnungsfähigkeit aufhebenden Seelenzustandes zu schließen berechtige. [...]

Johann Christian August Clarus schließt sein Gutachten mit der Feststellung:

Aus den im Vorhergehenden dargestellten Tatsachen und erörterten Gründen schließe ich: daß *Woyzecks* angebliche Erscheinungen und übrigen ungewöhnlichen Begegnisse als *Sinnestäuschungen,* welche durch Unordnungen des Blutumlaufes erregt, und durch seinen Aberglauben und Vorurteile zu Vorstellungen von einer objektiven und übersinnlichen Veranlassung gesteigert worden sind, betrachtet werden müssen, und daß ein Grund, um anzunehmen, daß derselbe zu irgendeiner Zeit in seinem Leben, und namentlich unmittelbar *vor, bei* und *nach* der von ihm verübten Mordtat sich im Zustande einer Seelenstörung befunden, oder dabei nach einem notwendigen, blinden und instinktartigen Antriebe, und überhaupt anders, als nach gewöhnlichen leidenschaftlichen Anreizungen gehandelt habe, *nicht* vorhanden sei.

Ernst Anschütz

Die Hinrichtung des Delinquenten Woyzeck __ 1824

Delinquent
Verbrecher

Ernst Anschütz, ein Leipziger Volksschullehrer, Musiker und Gelegenheitsdichter, notierte das Folgende am Tag von Woyzecks Hinrichtung in seinem Tagebuch.

Freitag, den 27. August

Heiter und warm. Hinrichtung des Delinquenten Woyzeck. Das Schaffot war mitten auf dem Markt gebaut. 54 Cürassiere von Borna hielten Ordnung um das Schaffot; das Halsgericht wurde auf dem Rathause gehalten. Kurz vor halb 11 Uhr war der Stab gebrochen, dann kam gleich der Delinquent aus dem Rathaus [...], die Rathsdiener in Harnisch, Sturmhaube und Piken voran, rechts und links; die Geistlichen blieben unten am Schaffot; der Delinquent ging mit viel Ruhe allein auf das Schaffot, kniete nieder und betete laut mit viel Umstand, band sich das Halstuch selbst ab, setzte sich auf den Stuhl und rückte ihn zurecht, und schnell mit großer Geschicklichkeit hieb ihm der Scharfrichter den Kopf ab, sodaß er noch auf dem breiten Schwerdte saß, bis der Scharfrichter das Schwerdt wendete und er herabfiel. Das Blut strömte nicht hoch empor; sogleich öffnete sich eine Fallthür, wo der Körper, der noch ohne eine Bewegung gemacht zu haben auf dem Stuhle

Schaffot
Schafott; Hinrichtungsstätte
Halsgericht
Gerichtssitzung bei einem Kapitalverbrechen
Stab gebrochen
→ Seite 125
Harnisch
Brustpanzer

saß, hinabgestürzt wurde; sogleich war er unten in einen Sarg gelegt und mit Wache auf die Anatomie getragen. Alsbald wurde auch schnell das Schaffot abgebrochen, und als dies geschehen war, ritten die Cürassiere fort. Die Gewölbe, die vorher alle geschlossen waren, wurden geöffnet und alles ging an seine Arbeit. Daß Vormittags keine Schule war, versteht sich.

Anatomie
Institut zur
Leichenöffnung

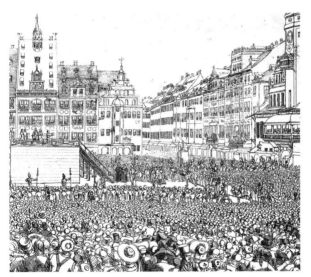

Woyzecks Hinrichtung am 27. August 1824 in Leipzig.
Federlithografie von Christian Gottfried Heinrich Geißler

Entstehung | 59

Arbeitsanregungen

1. Büchners Stück »Woyzeck« ist wahrscheinlich Ende des Jahres 1836 entstanden. Es ist Fragment geblieben. Informieren Sie sich über die unterschiedlichen handschriftlichen Fassungen des Textes. In welcher Beziehung stehen sie zueinander? Halten Sie die Abfolge der Szenen, auf die sich die Forschung verständigt hat, für plausibel?

2. Zu Beginn seines zweiten Gutachtens fasst Clarus die wesentlichen Ergebnisse seines ersten Gutachtens zusammen. Wie charakterisiert er Woyzeck? Wie beurteilen Sie die von ihm getroffene Schlussfolgerung?

3. Beschaffen Sie sich den vollständigen Text des zweiten Gutachtens von Clarus. Welchen von der Verteidigung vorgebrachten Einwand versucht der Gutachter jetzt zu entkräften? Wie geht er dabei vor?

4. An welchen Stellen des Stückes »Woyzeck« finden Sie Anzeichen einer psychischen Erkrankung Woyzecks? Welche seiner Äußerungen lassen auf Wahnvorstellungen schließen?

5. Sie sind Gutachter vor einem gegenwärtigen Gericht, in dem Woyzeck des Mordes an seiner Geliebten Marie angeklagt ist. Wir würden Sie seinen Fall einschätzen? Halten Sie Woyzeck für zurechnungsfähig? Beurteilen Sie seine Schuld.

6. Eine fiktive Situation: Georg Büchner hat den »Woyzeck« fast vollendet und bietet sein Stück einem Verleger an. Dieser bittet den Autor um ein Exposé. Schreiben Sie es.

Verstehen und Deuten

Soziale Verhältnisse

Georg Büchner
Brief an die Eltern ———————————— 1834

Gießen, Februar 1834
[...] *Ich verachte Niemanden*, am wenigsten wegen seines Verstandes oder seiner Bildung, weil es in Niemands Gewalt liegt, kein Dummkopf oder kein Verbrecher zu werden, weil wir durch gleiche Umstände wohl Alle gleich würden, und weil die Umstände außer uns liegen. Der *Verstand* nun gar ist nur eine sehr geringe Seite unsers geistigen Wesens und die Bildung nur eine sehr zufällige Form desselben. Wer mir eine solche Verachtung vorwirft, behauptet, daß ich einen Menschen mit Füßen träte, weil er einen schlechten Rock anhätte. Es heißt dieß, eine Roheit, die man Einem im Körperlichen nimmer zutrauen würde, ins Geistige übertragen, wo sie noch gemeiner ist. Ich kann Jemanden einen Dummkopf nennen, ohne ihn deßhalb zu *verachten*; die Dummheit gehört zu den allgemeinen Eigenschaften der menschlichen Dinge; für ihre Existenz kann ich nichts, es kann mir aber Niemand wehren, Alles, was existirt, bei seinem Namen zu nennen und dem, was mir unangenehm ist, aus dem Wege zu gehn. Jemanden kränken, ist eine Grausamkeit, ihn aber zu suchen oder zu meiden, bleibt meinem Gutdünken überlassen. *Daher* erklärt sich mein Betragen gegen alte Bekannte; ich kränkte Keinen und sparte mir viel Langeweile; halten sie mich für hochmüthig, wenn ich an ihren Vergnügungen oder Beschäftigungen

keinen Geschmack finde, so ist es eine Ungerechtigkeit; mir
würde es nie einfallen, einem Andern aus dem nämlichen
Grunde einen ähnlichen Vorwurf zu machen. Man nennt
mich einen *Spötter*. Es ist wahr, ich lache oft, aber ich lache
nicht darüber, *wie* Jemand ein Mensch ist, sondern nur darüber,
daß er ein Mensch ist, wofür er ohnehin nichts kann, und lache dabei über mich selbst, der ich sein Schicksal theile. Die
Leute nennen das Spott, sie vertragen es nicht, daß man *sich*
als Narr producirt und sie dutzt; sie sind Verächter, Spötter
und Hochmüthige, weil sie die Narrheit nur *außer sich* suchen. Ich habe freilich noch eine Art von Spott, es ist aber
nicht der der Verachtung, sondern der des Hasses. Der Haß
ist so gut erlaubt als die Liebe, und ich hege ihn im vollsten
Maße gegen die, *welche verachten*. Es ist deren eine große
Zahl, die im Besitze einer lächerlichen Aeußerlichkeit, die
man Bildung, oder eines todten Krams, den man Gelehr-
samkeit heißt, die große Masse ihrer Brüder ihrem verachten-
den Egoismus opfern. Der Aristocratismus ist die schänd-
lichste Verachtung des heiligen Geistes im Menschen; gegen
ihn kehre ich seine eigenen Waffen; Hochmuth gegen Hochmuth, Spott gegen Spott. – Ihr würdet euch besser bei meinem Stiefelputzer nach mir umsehn; mein Hochmuth und
Verachtung Geistesarmer und Ungelehrter fände dort wohl
ihr bestes Object. Ich bitte, fragt ihn einmal … Die Lächer-
lichkeit des Herablassens werdet Ihr mir doch wohl nicht
zutrauen. Ich hoffe noch immer, daß ich leidenden, gedrückten
Gestalten mehr mitleidige Blicke zugeworfen, als kalten, vornehmen Herzen bittere Worte gesagt habe. – […]

Aristocratismus
hier: Standes-
dünkel, Hochmut

Hans-Ulrich Wehler

Armut in Deutschland _____ 1987

Pauperismus – das war eines der furchterregenden, grellen
Reizworte, die in der schier unübersehbaren Diskussion über
die gesellschaftliche Krise in den rund anderthalb Jahrzehnten vor der Revolution eine herausragende Rolle spielten. Mit
ihm verband sich die Vorstellung von grauenhaftem Massen-
elend, ländlichem und städtischem Proletariat, politischer Ra-
dikalisierung, anwachsenden »kommunistischen Tendenzen«,
zunehmend dann die Furcht, dass all dies, wenn staatliche Re-
formpolitik nicht hilfreich eingreife und neue ökonomische
Chancen sich nicht eröffneten, auch auf deutschem Boden
eine Revolution auslösen, ja in die »soziale Revolution« ein-
münden werde. [...]

[Eine] Lehrmeinung [hält] den Pauperismus für eine not-
wendige Begleiterscheinung der anlaufenden Industrialisie-
rung [...], Pauperismus wird zum Synonym für die Lage des
jungen Industrieproletariats. Pauperismus ist Proletarisierung, das produktionskapitalistische Fabrikwesen ist der
Verursacher – und gewissermaßen der historisch Schuldige –
dieser Elendssituation. [...]

Dagegen hat eine andere Schule im Pauperismus primär
ein Ergebnis der zerfallenden spätfeudalen Agrargesellschaft,
der unzureichenden »Tragfähigkeit« ihrer Landwirtschaft
und des Arbeitsplatzmangels angesichts eines unerhörten
Bevölkerungswachstums gesehen; für den Pauperismus als
Krisenphänomen eines untergehenden Zeitalters bedeutet die
Industrie keineswegs die Quelle aller Misere, sondern vielmehr die in erstaunlich kurzer Zeit erfolgende Rettung vor
der Massenkatastrophe, Proletarisierung gilt als Durchgangs-
station auf dem Weg zur respektablen Industriearbeiterschaft
mit steigenden Reallöhnen. Die erste Interpretation ist viel zu

Pauperismus
Massenarmut

Synonym
**bedeutungs-
gleiches Wort**

Verstehen und Deuten | **63**

eng, in ihrer allgemeinen Form schlechterdings falsch; die zweite verkürzt die Problematik, sie ist sehr ergänzungsbedürftig. Inzwischen lässt sich ein Erklärungsmodell entwickeln, das den wesentlichen Faktoren gerecht und empirisch zusehends abgesichert wird. Dabei ist von den realhistorischen Ursachen der neuen Massenarmut auszugehen. Das Fundamentalfaktum, mit dem jede Erörterung des Pauperismus zu beginnen hat, ist das vor der Mitte des 18. Jahrhunderts einsetzende und länger als ein Jahrhundert anhaltende vehemente Bevölkerungswachstum. Von dieser dritten Expansionswelle der europäischen »demografischen Revolution«, deren Charakter und Auswirkungen in Mitteleuropa beschrieben worden sind, ging ein unaufhaltsam ansteigender Druck auf all jene Ressourcen aus, die den deutschen Gesellschaften im Rahmen ihrer soziopolitischen und ökonomischen Verfassung zur Verfügung standen, um den Menschen zu ermöglichen, ihr Leben zu fristen. [...]

Unterbrochen von schmerzhaften Krisen und tiefen Einbrüchen hielten auch nach der Revolutionsepoche diese demografischen, landwirtschaftlichen und gewerblichen Prozesse einer unwiderstehlich wirkenden Dynamisierung der gesellschaftlichen Entwicklung an, bis – seit Jahrzehnten befürchtet und seit den 20er-Jahren heftiger als zuvor diskutiert – in den 30er-Jahren eine Art Sättigungsgrenze der Wirtschaft erreicht wurde. Die verschiedenen Wirtschaftszweige vermochten die Flut der Arbeitsuchenden immer weniger zu absorbieren. Das Wachstum der Bevölkerung und des Arbeitskräftepotenzials eilte dem wirtschaftlichen Wachstum, das unter den gegebenen sozioökonomischen und politischen Bedingungen damals möglich war, voraus. [...]

Die auf ihrem Weg in den Agrarkapitalismus voranschreitende Landwirtschaft konnte weiterhin Menschen eine neue Existenz bieten – aber in den späten 30er-Jahren hatte die

Güter und Bauernwirtschaften offenbar mit einem scharf abfallenden Grenznutzenwert des Personalbestandes eine Wendemarke erreicht, wonach sich die Einstellung neuer Arbeitskräfte immer weniger lohnte; der Kleinstellenausbau ging ungleich langsamer als vorher weiter; die »ländliche Armut« wuchs sprunghaft an. Das Handwerk war bis zu diesem Zeitpunkt schon überfüllt, im folgenden Jahrzehnt völlig überlaufen.

Küferarbeit in einem rheinischen Bauernhof, um 1843.
Lithografie von Jakob Fürchtegott Dielmann

Der Hessische Landbote.

Erste Botschaft.

Darmstadt, im Juli 1834.

Vorbericht.

Dieses Blatt soll dem hessischen Lande die Wahrheit melden, aber wer die Wahrheit sagt, wird gehenkt, ja sogar der, welcher die Wahrheit liest, wird durch meineidige Richter vielleicht gestraft. Darum haben die, welchen dies Blatt zukommt, folgendes zu beobachten:

1) Sie müssen das Blatt sorgfältig außerhalb ihres Hauses vor der Polizei verwahren;
2) sie dürfen es nur an treue Freunde mittheilen;
3) denen, welchen sie nicht trauen, wie sich selbst, dürfen sie es nur heimlich hinlegen;
4) würde das Blatt dennoch bei Einem gefunden, der es gelesen hat, so muß er gestehen, daß er es eben dem Kreisrath habe bringen wollen;
5) wer das Blatt nicht gelesen hat, wenn man es bei ihm findet, der ist natürlich ohne Schuld.

Friede den Hütten! Krieg den Pallästen!

Im Jahr 1834 siehet es aus, als würde die Bibel Lügen gestraft. Es sieht aus, als hätte Gott die Bauern und Handwerker am 5ten Tage, und die Fürsten und Vornehmen am 6ten gemacht, und als hätte der Herr zu diesen gesagt: Herrschet über alles Gethier, das auf Erden kriecht, und hätte die Bauern und Bürger zum Gewürm gezählt. Das Leben der Vornehmen ist ein langer Sonntag, sie wohnen in schönen Häusern, sie tragen zierliche Kleider, sie haben feiste Gesichter und reden eine eigne Sprache; das Volk aber liegt vor ihnen wie Dünger auf dem Acker. Der Bauer geht hinter dem Pflug, der Vornehme aber geht hinter ihm und dem Pflug und treibt ihm mit den Ochsen am Pflug, er nimmt das Korn und läßt ihm die Stoppeln. Das Leben des Bauern ist ein langer Werktag; Fremde verzehren seine Aecker vor seinen Augen, sein Leib ist eine Schwiele, sein Schweiß ist das Salz auf dem Tische des Vornehmen.

Im Großherzogthum Hessen sind 718,373 Einwohner, die geben an den Staat jährlich an 6,363,364 Gulden, als

1) Direkte Steuern	2,128,131	fl.
2) Indirecte Steuern	2,478,264	„
3) Domänen	1,547,394	„
4) Regalien	46,938	„
5) Geldstrafen	98,511	„
6) Verschiedene Quellen	64,198	„
	6,363,363	fl.

Dies Geld ist der Blutzehnte, der von dem Leib des Volkes genommen wird. An 700,000 Menschen schwitzen, stöhnen und hungern dafür. Im Namen des Staates wird es erpreßt, die Presser berufen sich auf die Regierung und die Regierung sagt, das sey nöthig die Ordnung im Staat zu erhalten. Was ist denn nun das für ein gewaltiges Ding: der Staat? Wohnt eine Anzahl Menschen in einem Land und es sind Verordnungen oder Gesetze vorhanden, nach denen jeder sich richten muß, so sagt man, sie bilden einen Staat. Der Staat also sind Alle; die Ordner im Staate sind die Gesetze, durch welche das Wohl Aller gesichert wird, und die aus dem Wohl Aller hervorgehen sollen. — Seht nun, was man in dem Großherzogthum aus dem Staat gemacht hat; seht was es heißt: die Ordnung im Staate erhalten!

Die erste Seite des »Hessischen Landboten«, Juli 1834

Georg Büchner/Friedrich Ludwig Weidig

Der Hessische Landbote _____ 1834

Erste Botschaft

Darmstadt, im Juli 1834

Vorbericht

Dieses Blatt soll dem hessischen Lande die Wahrheit melden,
aber wer die Wahrheit sagt, wird gehenkt, ja sogar der, welcher die Wahrheit liest, wird durch meineidige Richter vielleicht gestraft. Darum haben die, welchen dies Blatt zukommt,
Folgendes zu beobachten:
1) Sie müssen das Blatt sorgfältig außerhalb ihres Hauses vor
   der Polizei verwahren;
2) sie dürfen es nur an treue Freunde mitteilen;
3) denen, welchen sie nicht trauen, wie sich selbst, dürfen sie
   es nur heimlich hinlegen;
4) würde das Blatt dennoch bei einem gefunden, der es gelesen hat, so muss er gestehen, dass er es eben dem Kreisrat
   habe bringen wollen;
5) wer das Blatt nicht gelesen hat, wenn man es bei ihm findet, der ist natürlich ohne Schuld.

Friede den Hütten! Krieg den Palästen!

Im Jahr 1834 siehet es aus, als würde die Bibel Lügen gestraft.
Es sieht aus, als hätte Gott die Bauern und Handwerker am
5ten Tage, und die Fürsten und Vornehmen am 6ten gemacht,
und als hätte der Herr zu diesen gesagt: Herrschet über alles
Getier, das auf Erden kriecht, und hätte die Bauern und Bürger zum Gewürm gezählt. Das Leben der Vornehmen ist ein
langer Sonntag, sie wohnen in schönen Häusern, sie tragen

zierliche Kleider; sie haben feiste Gesichter und reden eine
eigne Sprache; das Volk aber liegt vor ihnen wie Dünger auf
dem Acker. Der Bauer geht hinter dem Pflug, der Vornehme
aber geht hinter ihm und dem Pflug und treibt ihn mit den
Ochsen am Pflug, er nimmt das Korn und lässt ihm die Stop-   5
peln. Das Leben des Bauern ist ein langer Werktag; Fremde
verzehren seine Äcker vor seinen Augen, sein Leib ist eine
Schwiele, sein Schweiß ist das Salz auf dem Tische des Vornehmen.

Im Großherzogtum Hessen sind 718 373 Einwohner, die   10
geben an den Staat jährlich an 6 363 364 Gulden, als

1) Direkte Steuern	2 128 131 fl.	
2) Indirekte Steuern	2 478 264 fl.	
3) Domänen	1 547 394 fl.	
4) Regalien	46 938 fl.	15
5) Geldstrafen	98 511 fl.	
6) Verschiedene Quellen	64 198 fl.	
	6 363 363 fl.	

fl.
Abkürzung für
Florin: Gulden
Domänen
Pacht für
Staatsgüter
Regalien
staatliche
Hoheitsrechte,
z. B. Zoll-, Münz-
und Postrecht

Blutzehnte
→ Seite 125

Dies Geld ist der Blutzehnte, der von dem Leib des Volkes
genommen wird. An 700 000 Menschen schwitzen, stöhnen   20
und hungern dafür. Im Namen des Staates wird es erpresst,
die Presser berufen sich auf die Regierung und die Regierung
sagt, das sei nötig, die Ordnung im Staat zu erhalten. Was ist
denn nun das für gewaltiges Ding: der Staat? Wohnt eine Anzahl Menschen in einem Land und es sind Verordnungen   25
oder Gesetze vorhanden, nach denen jeder sich richten muss,
so sagt man, sie bilden einen Staat. Der Staat also sind *alle*; die
Ordner im Staate sind die Gesetze, durch welche das Wohl
aller gesichert wird und die aus dem Wohl *aller* hervorgehen
sollen. – Seht nun, was man in dem Großherzogtum aus dem   30
Staat gemacht hat; seht, was es heißt: die Ordnung im Staate
erhalten! 700 000 Menschen bezahlen dafür 6 Millionen, d. h.

sie werden zu Ackergäulen und Pflugstieren gemacht, damit sie in Ordnung leben. In Ordnung leben heißt hungern und geschunden werden.

Wer sind denn die, welche diese Ordnung gemacht haben und die wachen, diese Ordnung zu erhalten? Das ist die Großherzogliche Regierung. Die Regierung wird gebildet von dem Großherzog und seinen obersten Beamten. Die andern Beamten sind Männer, die von der Regierung berufen werden, um jene Ordnung in Kraft zu erhalten. Ihre Anzahl ist Legion: Staatsräte und Regierungsräte, Landräte und Kreisräte, Geistliche Räte und Schulräte, Finanzräte und Forsträte usw. mit allem ihrem Heer von Sekretären usw. Das Volk ist ihre Herde, sie sind seine Hirten, Melker und Schinder; sie haben die Häute der Bauern an, der Raub der Armen ist in ihrem Hause; die Tränen der Witwen und Waisen sind das Schmalz auf ihren Gesichtern; sie herrschen frei und ermahnen das Volk zur Knechtschaft. Ihnen gebt ihr 6 000 000 fl. Abgaben; sie haben dafür die Mühe, euch zu regieren; d. h. sich von euch füttern zu lassen und euch eure Menschen- und Bürgerrechte zu rauben. Sehet, was die Ernte eures Schweißes ist.

Für das Ministerium des Innern und der Gerechtigkeitspflege werden bezahlt 1 110 607 Gulden. Dafür habt ihr einen Wust von Gesetzen, zusammengehäuft aus willkürlichen Verordnungen aller Jahrhunderte, meist geschrieben in einer fremden Sprache. Der Unsinn aller vorigen Geschlechter hat sich darin auf euch vererbt, der Druck, unter dem sie erlagen, sich auf euch fortgewälzt. Das Gesetz ist das Eigentum einer unbedeutenden Klasse von Vornehmen und Gelehrten, die sich durch ihr eignes Machwerk die Herrschaft zuspricht. Diese Gerechtigkeit ist nur ein Mittel, euch in Ordnung zu halten, damit man euch bequemer schinde; sie spricht nach Gesetzen, die ihr nicht versteht, nach Grundsätzen, von

ist Legion ist sehr groß; vgl. Mk. 5,9

Schinder ziehen den Tieren das Fell ab

Wust unüberschaubare Menge

schinde quäle

Verstehen und Deuten | **69**

denen ihr nichts wisst, Urteile, von denen ihr nichts begreift. Unbestechlich ist sie, weil sie sich gerade teuer genug bezahlen lässt, um keine Bestechung zu brauchen. Aber die meisten ihrer Diener sind der Regierung mit Haut und Haar verkauft. Ihre Ruhestühle stehen auf einem Geldhaufen von 461 373 Gulden (so viel betragen die Ausgaben für die Gerichtshöfe und die Kriminalkosten). Die Fräcke, Stöcke und Säbel ihrer unverletzlichen Diener sind mit dem Silber von 197 502 Gulden beschlagen (so viel kostet die Polizei überhaupt, die Gendarmerie usw.). Die Justiz ist in Deutschland seit Jahrhunderten die Hure der deutschen Fürsten. Jeden Schritt zu ihr müsst ihr mit Silber pflastern, und mit Armut und Erniedrigung erkauft ihr ihre Sprüche. Denkt an das Stempelpapier, denkt an euer Bücken in den Amtsstuben und euer Wachestehen vor denselben. Denkt an die Sporteln für Schreiber und Gerichtsdiener. Ihr dürft euern Nachbarn verklagen, der euch eine Kartoffel stiehlt; aber klagt einmal über den Diebstahl, der von Staats wegen unter dem Namen von Abgabe und Steuern jeden Tag an eurem Eigentum begangen wird, damit eine Legion unnützer Beamten sich von eurem Schweiße mästen: klagt einmal, dass ihr der Willkür einiger Fettwänste überlassen seid und dass diese Willkür Gesetz heißt, klagt, dass ihr die Ackergäule des Staates seid, klagt über eure verlorne Menschenrechte: Wo sind die Gerichtshöfe, die eure Klage annehmen, wo die Richter, die Recht sprächen? – Die Ketten eurer Vogelsberger Mitbürger, die man nach Rockenburg schleppte, werden euch Antwort geben.

Und will endlich ein Richter oder ein andrer Beamte von den Wenigen, welchen das Recht und das gemeine Wohl lieber ist als ihr Bauch und der Mamon, ein Volksrat und kein Volksschinder sein, so wird er von den obersten Räten des Fürsten selber geschunden.

Stempelpapier Steuer für amtliche Dokumente
Sporteln Gebühren

Die Ketten … schleppte
→ Seite 125

Mamon
Mammon: ungerechter Reichtum

Für das Ministerium der Finanzen 1 551 502 fl.

Damit werden die Finanzräte, Obereinnehmer, Steuerboten, die Untererheber besoldet. Dafür wird der Ertrag eurer Äcker berechnet und [werden] eure Köpfe gezählt. Der Boden unter euren Füßen, der Bissen zwischen euren Zähnen ist besteuert. Dafür sitzen die Herren in Fräcken beisammen und das Volk steht nackt und gebückt vor ihnen, sie legen die Hände an seine Lenden und Schultern und rechnen aus, wie viel es noch tragen kann, und wenn sie barmherzig sind, so geschieht es nur, wie man ein Vieh schont, das man nicht so sehr angreifen will.

Für das Militär wird bezahlt 914 820 Gulden.

Dafür kriegen eure Söhne einen bunten Rock auf den Leib, ein Gewehr oder eine Trommel auf die Schulter und dürfen jeden Herbst einmal blind schießen und erzählen, wie die Herren vom Hof und die ungeratenen Buben vom Adel allen Kindern ehrlicher Leute vorgehen, und mit ihnen in den breiten Straßen der Städte herumziehen mit Trommeln und Trompeten. Für jene 900 000 Gulden müssen eure Söhne den Tyrannen schwören und Wache halten an ihren Palästen. Mit ihren Trommeln übertäuben sie eure Seufzer, mit ihren Kolben zerschmettern sie euch den Schädel, wenn ihr zu denken wagt, dass ihr freie Menschen seid. Sie sind die gesetzlichen Mörder, welche die gesetzlichen Räuber schützen, denkt an Södel! Eure Brüder, eure Kinder waren dort Brüder- und Vatermörder.

Für die Pensionen 480 000 Gulden.

Dafür werden die Beamten aufs Polster gelegt, wenn sie eine gewisse Zeit dem Staate treu gedient haben, d. h. wenn sie eifrige Handlanger bei der regelmäßig eingerichteten Schinderei gewesen, die man Ordnung und Gesetz heißt.

Für das Staatsministerium und den Staatsrat 174 600 Gulden.

vorgehen
vorgezogen
werden

Södel
vgl. Seite 125,
Anm. zu Seite 70

Die größten Schurken stehen wohl jetzt allerwärts in Deutschland den Fürsten am nächsten, wenigstens im Großherzogtum:

Kommt ja ein ehrlicher Mann in einen Staatsrat, so wird er ausgestoßen. Könnte aber auch ein ehrlicher Mann jetzo Minister sein oder bleiben, so wäre er, wie die Sachen stehn in Deutschland, nur eine Drahtpuppe, an der die fürstliche Puppe zieht, und an dem fürstlichen Popanz zieht wieder ein Kammerdiener oder ein Kutscher oder seine Frau und ihr Günstling oder sein Halbbruder – oder alle zusammen. In Deutschland stehet es jetzt, wie der Prophet Micha schreibt, Kap. 7, V. 3 und 4: »Die Gewaltigen raten nach ihrem Mutwillen, Schaden zu tun, und drehen es, wie sie es wollen. Der Beste unter ihnen ist wie ein Dorn, und der Redlichste wie eine Hecke.« Ihr müsst die Dörner und Hecken teuer bezahlen; denn ihr müsst ferner für das großherzogliche Haus und den Hofstaat 827 772 Gulden bezahlen.

Popanz willenlosen Menschen *Günstling* Geliebter

Die Anstalten, die Leute, von denen ich bis jetzt gesprochen, sind nur Werkzeuge, sind nur Diener. Sie tun nichts in ihrem Namen, unter der Ernennung zu ihrem Amt steht ein L., das bedeutet *Ludwig* von Gottes Gnaden, und sie sprechen mit Ehrfurcht: »im Namen des Großherzogs.« Dies ist ihr Feldgeschrei, wenn sie euer Gerät versteigern, euer Vieh wegtreiben, euch in den Kerker werfen. Im Namen des Großherzogs sagen sie, und der Mensch, den sie so nennen, heißt: unverletzlich, heilig, souverän, königliche Hoheit. Aber tretet zu dem Menschenkinde und blickt durch seinen Fürstenmantel. Es isst, wenn es hungert, und schläft, wenn sein Auge dunkel wird. Sehet, es kroch so nackt und weich in die Welt wie ihr und wird so hart und steif hinausgetragen wie ihr, und doch hat es seinen Fuß auf eurem Nacken, hat 700 000 Menschen an seinem Pflug, hat Minister, die verantwortlich sind für das, was es tut, hat Gewalt über euer Eigentum durch

Ludwig Großherzog Ludwig II. (1777–1848)

Friedrich Ludwig
Weidig, 1848/49

die Steuern, die es ausschreibt, über euer Leben durch die Gesetze, die es macht, es hat adlige Herrn und Damen um sich, die man Hofstaat heißt, und seine göttliche Gewalt vererbt sich auf seine Kinder mit Weibern, welche aus eben so übermenschlichen Geschlechtern sind.

Wehe über euch Götzendiener! – Ihr seid wie die Heiden, die das Krokodil anbeten, von dem sie zerrissen werden. Ihr setzt ihm eine Krone auf, aber es ist eine Dornenkrone, die ihr euch selbst in den Kopf drückt; ihr gebt ihm ein Zepter in die Hand, aber es ist eine Rute, womit ihr gezüchtigt werdet; ihr setzt ihn auf euern Thron, aber es ist ein Marterstuhl für euch und eure Kinder. Der Fürst ist der Kopf des Blutigels, der über euch hinkriecht, die Minister sind seine Zähne und die Beamten sein Schwanz. Die hungrigen Mägen aller vornehmen Herren, denen er die hohen Stellen verteilt, sind Schröpfköpfe, die er dem Lande setzt. Das L., was unter seinen Verordnungen steht, ist das Malzeichen des Tieres, das

Dornenkrone
vgl. Mt. 27,22–30

Blutigels
Blutegels

Schröpfköpfe
Geräte zum Absaugen von Blut

Verstehen und Deuten | **73**

die Götzendiener unserer Zeit anbeten. Der Fürstenmantel ist der Teppich, auf dem sich die Herren und Damen vom Adel und Hofe in ihrer Geilheit übereinanderwälzen – mit Orden und Bändern decken sie ihre Geschwüre und mit kostbaren Gewändern bekleiden sie ihre *aussätzigen* Leiber. Die Töchter des Volks sind ihre Mägde und Huren, die Söhne des Volks ihre Lakaien und Soldaten. Geht einmal nach Darmstadt und seht, wie die Herren sich für euer Geld dort lustig machen, und erzählt dann euern hungernden Weibern und Kindern, dass ihr Brot an fremden Bäuchen herrlich angeschlagen sei, erzählt ihnen von den zierlichen Bändern, die aus den Schwielen ihrer Hände geschnitten sind, erzählt von den stattlichen Häusern, die aus den Knochen des Volks gebaut sind; und dann kriecht in eure rauchigen Hütten und bückt euch auf euren *steinichten* Äckern, damit eure Kinder auch einmal hingehen können, wenn ein *Erbprinz* mit einer Erbprinzessin für einen andern Erbprinzen Rat schaffen will, und durch die geöffneten Glastüren das Tischtuch sehen, wovon die Herren speisen, und die Lampen riechen, aus denen man mit dem Fett der Bauern *illuminiert*. Das alles duldet ihr, weil euch Schurken sagen: »diese Regierung sei von Gott.« Diese Regierung ist nicht von Gott, sondern vom Vater der Lügen. Diese deutschen Fürsten sind keine rechtmäßige Obrigkeit, sondern die rechtmäßige Obrigkeit, den deutschen Kaiser, der vormals vom Volke frei gewählt wurde, haben sie seit Jahrhunderten verachtet und endlich gar verraten. Aus Verrat und Meineid, und nicht aus der Wahl des Volkes ist die Gewalt der deutschen Fürsten hervorgegangen, und darum ist ihr Wesen und Tun von Gott verflucht; ihre Weisheit ist Trug, ihre Gerechtigkeit ist Schinderei. Sie zertreten das Land und zerschlagen die Person des Elenden. Ihr lästert Gott, wenn ihr einen dieser Fürsten einen Gesalbten des Herrn nennt, das heißt: Gott habe die Teufel gesalbt und zu Fürsten

aussätzigen
an Lepra (Aussatz) leidenden
Lakaien
Diener

steinichten
steinigen

Erbprinz
Thronnachfolger

illuminiert
Licht macht

über die deutsche Erde gesetzt. Deutschland, unser liebes Vaterland, haben diese Fürsten zerrissen, den Kaiser, den unsere freien Voreltern wählten, haben diese Fürsten verraten und nun fordern diese Verräter und Menschenquäler Treue von euch! – Doch das Reich der Finsternis neigt sich zum Ende. Über ein Kleines und Deutschland, das jetzt die Fürsten schinden, wird als ein *Freistaat* mit einer vom Volk gewählten Obrigkeit wieder auferstehn. Die heilige Schrift sagt: Gebet dem Kaiser, was des Kaisers ist. Was ist aber dieser Fürsten, der Verräter? – *Das Teil von Judas!*

Für die Landstände 16 000 Gulden.

Im Jahr 1789 war das Volk in Frankreich müde, länger die Schindmähre seines Königs zu sein. Es erhob sich und berief Männer, denen es vertraute, und die Männer traten zusammen und sagten, ein König sei ein Mensch wie ein anderer auch, er sei nur der erste Diener im Staat, er müsse sich vor dem Volk verantworten, und wenn er sein Amt schlecht verwalte, könne er zur Strafe gezogen werden. Dann erklärten sie die Rechte des Menschen: »Keiner erbt vor dem andern mit der Geburt ein Recht oder einen Titel, keiner erwirbt mit dem Eigentum ein Recht vor dem andern. Die höchste Gewalt ist in dem Willen aller oder der Mehrzahl. Dieser Wille ist das Gesetz, er tut sich kund durch die Landstände oder die Vertreter des Volks, sie werden von allen gewählt und jeder kann gewählt werden; diese Gewählten sprechen den Willen ihrer Wähler aus, und so entspricht der Wille der Mehrzahl unter ihnen dem Willen der Mehrzahl unter dem Volke; der König hat nur für die Ausübung der von ihnen erlassenen Gesetze zu sorgen.« Der König schwur, dieser Verfassung treu zu sein, er wurde aber meineidig an dem Volke und das Volk richtete ihn, wie es einem Verräter geziemt. Dann schafften die Franzosen die erbliche Königswürde ab und wählten frei eine neue Obrigkeit, wozu jedes Volk nach der Vernunft

Über ein Kleines
sehr bald

Gebet dem Kaiser …
vgl. Mt. 22,21
Das Teil von Judas
Das Erhängen (wie des Verräters Jesu)
Im Jahr 1789
Ausbruch der Französischen Revolution

Verstehen und Deuten | 75

und der heiligen Schrift das Recht hat. Die Männer, die über die Vollziehung der Gesetze wachen sollten, wurden von der Versammlung der Volksvertreter ernannt, sie bildeten die neue Obrigkeit. So waren Regierung und Gesetzgeber vom Volk gewählt und Frankreich war ein Freistaat.

Die übrigen Könige aber entsetzten sich vor der Gewalt des französischen Volkes, sie dachten, sie könnten alle über der ersten Königsleiche den Hals brechen und ihre misshandelten Untertanen möchten bei dem Freiheitsruf der Franken erwachen. Mit gewaltigem Kriegsgerät und reisigem Zeug stürzten sie von allen Seiten auf Frankreich, und ein großer Teil der Adligen und Vornehmen im Lande stand auf und schlug sich zu dem Feind. Da ergrimmte das Volk und erhob sich in seiner Kraft. Es erdrückte die Verräter und zerschmetterte die Söldner der Könige. Die junge Freiheit wuchs im Blut der Tyrannen und vor ihrer Stimme bebten die Throne und jauchzten die Völker. Aber die Franzosen verkauften selbst ihre junge Freiheit für den Ruhm, den ihnen Napoleon darbot, und erhoben ihn auf den Kaiserthron. – Da ließ der Allmächtige das Heer des Kaisers in Russland erfrieren und züchtigte Frankreich durch die Knute der Kosaken und gab den Franzosen die dickwanstigen Bourbonen wieder zu Königen, damit Frankreich sich bekehre vom Götzendienst der erblichen Königsherrschaft und dem Gotte diene, der die Menschen frei und gleich geschaffen. Aber als die Zeit seiner Strafe verflossen war und tapfere Männer im Julius 1830 den meineidigen König Karl den Zehnten aus dem Lande jagten, da wendete dennoch das befreite Frankreich sich abermals zur *halberblichen* Königsherrschaft und band sich in dem Heuchler Louis Philipp eine neue Zuchtrute auf. In Deutschland und ganz Europa aber war große Freude, als der zehnte Karl vom Thron gestürzt ward, und die unterdrückten deutschen Länder richteten sich zum Kampf für die Freiheit. Da

reisigem Zeug
Truppen

in Russland erfrieren
→ Seite 125
Bourbonen
Herrschergeschlecht von 1589–1792 und 1814–1830

Karl den Zehnten
→ Seite 126

Louis Philipp
→ Seite 126

ratschlagten die Fürsten, wie sie dem Grimm des Volkes entgehen sollten, und die Listigen unter ihnen sagten: Lasst uns einen Teil unserer Gewalt abgeben, dass wir das Übrige behalten. Und sie traten vor das Volk und sprachen: Wir wollen euch die Freiheit schenken, um die ihr kämpfen wollt. – Und zitternd vor Furcht warfen sie einige Brocken hin und sprachen von ihrer Gnade. Das Volk traute ihnen leider und legte sich zur Ruhe. – Und so ward Deutschland betrogen wie Frankreich.

Denn was sind diese Verfassungen in Deutschland? Nichts als leeres Stroh, woraus die Fürsten die Körner für sich herausgeklopft haben. Was sind unsere Landtage? Nichts als langsame Fuhrwerke, die man einmal oder zweimal wohl der Raubgier der Fürsten und ihrer Minister in den Weg schieben, woraus man aber nimmermehr eine feste Burg für deutsche Freiheit bauen kann. Was sind unsere Wahlgesetze? Nichts als Verletzungen der Bürger- und Menschenrechte der meisten Deutschen. Denkt an das Wahlgesetz im Großherzogtum, wonach keiner gewählt werden kann, der nicht hoch begütert ist, wie rechtschaffen und gutgesinnt er auch sei, wohl aber der *Grolmann,* der euch um die zwei Millionen bestehlen wollte. Denkt an die Verfassung des Großherzogtums. – Nach den Artikeln derselben ist der Großherzog unverletzlich, heilig und unverantwortlich. Seine Würde ist erblich in seiner Familie, er hat das Recht, Krieg zu führen, und ausschließliche Verfügung über das Militär. Er beruft die Landstände, vertagt sie oder löst sie auf. Die Stände dürfen keinen Gesetzes-Vorschlag machen, sondern sie müssen um das Gesetz bitten, und dem Gutdünken des Fürsten bleibt es unbedingt überlassen, es zu geben oder zu verweigern. Er bleibt im Besitz einer fast unumschränkten Gewalt, nur darf er keine neuen Gesetze machen und keine neuen Steuern ausschreiben ohne Zustimmung der Stände. Aber teils kehrt er sich nicht

Grolmann
→ Seite 126

an diese Zustimmung, teils genügen ihm die alten Gesetze, die das Werk der Fürstengewalt sind, und er bedarf darum keiner neuen Gesetze. Eine solche Verfassung ist ein elend jämmerlich Ding. Was ist von Ständen zu erwarten, die an eine solche Verfassung gebunden sind? Wenn unter den Gewählten auch keine Volksverräter und feige Memmen wären, wenn sie aus lauter entschlossenen Volksfreunden bestünden?! Was ist von Ständen zu erwarten, die kaum die elenden Fetzen einer armseligen Verfassung zu verteidigen vermögen! – Der einzige Widerstand, den sie zu leisten vermochten, war die Verweigerung der zwei Millionen Gulden, die sich der Großherzog von dem überschuldeten Volke wollte schenken lassen zur Bezahlung seiner Schulden. Hätten aber auch die Landstände des Großherzogtums genügende Rechte, und hätte das Großherzogtum, aber nur das Großherzogtum allein, eine wahrhafte Verfassung, so würde die Herrlichkeit doch bald zu Ende sein. Die Raubgeier in Wien und Berlin würden ihre Henkerskrallen ausstrecken und die kleine Freiheit mit Rumpf und Stumpf ausrotten. Das ganze deutsche Volk muss sich die Freiheit erringen. Und diese Zeit, geliebte Mitbürger, ist nicht ferne. – Der Herr hat das schöne deutsche Land, das viele Jahrhunderte das herrlichste Reich der Erde war, in die Hände der fremden und einheimischen Schinder gegeben, weil das Herz des deutschen Volkes von der Freiheit und Gleichheit seiner Voreltern und von der Furcht des Herrn abgefallen war, weil ihr dem Götzendienste der vielen Herrlein, Kleinherzoge und Däumlings-Könige euch ergeben hattet.

Der Herr, der den Stecken des fremden Treibers Napoleon zerbrochen hat, wird auch die Götzenbilder unserer einheimischen Tyrannen zerbrechen durch die Hände des Volks. Wohl glänzen diese Götzenbilder von Gold und Edelsteinen, von Orden und Ehrenzeichen, aber in ihrem Innern *stirbt der*

Wurm nicht und ihre Füße sind von Lehm. – Gott wird euch Kraft geben ihre Füße zu zerschmeißen, sobald ihr euch bekehret von dem Irrtum eures Wandels und die Wahrheit erkennet: »dass nur ein Gott ist und keine Götter neben ihm, die sich Hoheiten und Allerhöchste, heilig und unverantwortlich nennen lassen, dass Gott alle Menschen frei und gleich in ihren Rechten schuf und dass keine Obrigkeit von Gott zum Segen verordnet ist als die, welche auf das Vertrauen des Volkes sich gründet und vom Volke ausdrücklich oder stillschweigend erwählt ist; dass dagegen die Obrigkeit, die Gewalt, aber kein Recht über ein Volk hat, nur *also* von Gott ist, wie der Teufel auch von Gott ist, und dass der Gehorsam gegen eine solche Teufels-Obrigkeit nur so lange gilt, bis ihre Teufelsgewalt gebrochen werden kann; – dass der Gott, der ein Volk durch *eine* Sprache zu *einem* Leibe vereinigte, die Gewaltigen, die es zerfleischen und vierteilen oder gar in dreißig Stücke zerreißen, als Volksmörder und Tyrannen hier zeitlich und dort ewiglich strafen wird, denn die Schrift sagt: was Gott vereinigt hat, soll der Mensch nicht trennen; und dass der Allmächtige, der aus der Einöde ein Paradies schaffen kann, auch ein Land des Jammers und des Elends wieder in ein Paradies umschaffen kann, wie unser teuerwertes Deutschland war, bis seine Fürsten es zerfleischten und schunden.«

Weil das deutsche Reich morsch und faul war und die Deutschen von Gott und von der Freiheit abgefallen waren, hat Gott das Reich zu Trümmern gehen lassen, um es zu einem Freistaat zu verjüngen. Er hat eine Zeit lang »den Satans-Engeln« Gewalt gegeben, dass sie Deutschland mit Fäusten schlügen, er hat den »Gewaltigen und Fürsten, die in der Finsternis herrschten, den bösen Geistern unter dem Himmel« (Ephes. 6.) Gewalt gegeben, dass sie Bürger und Bauern peinigten und ihr Blut aussaugten und ihren Mutwillen trieben mit *allen*, die Recht und Freiheit mehr lieben als Unrecht und Knechtschaft. – – Aber ihr Maß ist voll!

Sehet an das von Gott gezeichnete Scheusal, den König Ludwig von Bayern, den Gotteslästerer, der redliche Männer vor seinem Bilde niederzuknien zwingt und die, welche die Wahrheit bezeugen, durch meineidige Richter zum Kerker verurteilen lässt; das Schwein, das sich in allen Lasterpfützen von Italien wälzte, den Wolf, der sich für seinen Baals-Hofstaat für immer jährlich fünf Millionen durch meineidige Landstände verwilligen lässt, und fragt dann: »Ist das eine Obrigkeit von Gott zum Segen verordnet?«

> Ha! du wärst die Obrigkeit von Gott?
> Gott spendet Segen aus;
> Du raubst, du schindest, kerkerst ein,
> Du nicht von Gott, Tyrann!

Ich sage euch: sein und seiner Mitfürsten Maß ist voll. Gott, der Deutschland um seiner Sünden willen geschlagen hat durch diese Fürsten, wird es wieder heilen. »Er wird die Hecken und Dörner niederreißen und auf einem Haufen verbrennen.« (Jesaias 27,4)

So wenig der Höcker noch wächset, womit Gott diesen König Ludwig gezeichnet hat, so wenig werden die Schandtaten dieser Fürsten noch wachsen können. Ihr Maß ist voll. Der Herr wird ihre Zwingburgen zerschmeißen und in Deutschland wird dann Leben und Kraft, der Segen der Freiheit wieder erblühen. Zu einem großen Leichenfelde haben die Fürsten die deutsche Erde gemacht, wie Ezechiel im 37. Kapitel beschreibt: »Der Herr führte mich auf ein weites Feld, das voller Gebeine lag, und siehe, sie waren sehr verdorrt.« Aber wie lautet des Herrn Wort zu den verdorrten Gebeinen: »Siehe, ich will euch Adern geben und Fleisch las-

---

Ludwig von Bayern
→ Seite 126

Baal
Fruchtbarkeitsgott der Bewohner Kanaans; hier: üppiger Götzen-Hofstaat

Höcker
Buckel

Zwingburgen
stark befestigte Burgen

sen über euch wachsen, und euch mit Haut überziehen, und will euch Odem geben, dass ihr wieder lebendig werdet, und sollt erfahren, dass Ich der Herr bin.« Und des Herrn Wort wird auch an Deutschland sich wahrhaftig beweisen, wie der Prophet spricht: »Siehe, es rauschte und regte sich und die Gebeine kamen wieder zusammen, ein jegliches zu seinem Gebein. – Da kam Odem in sie und sie wurden wieder lebendig und richteten sich auf ihre Füße, und ihrer war ein sehr groß Heer.«

Odem
Atem

Wie der Prophet schreibt, also stand es bisher in Deutschland: eure Gebeine sind verdorrt, denn die Ordnung, in der ihr lebt, ist eitel Schinderei. 6 Millionen bezahlt ihr im Großherzogtum einer Handvoll Leute, deren Willkür euer Leben und Eigentum überlassen ist, und die anderen in dem zerrissenen Deutschland gleich also. Ihr seid nichts, ihr habt nichts! Ihr seid rechtlos. Ihr müsset geben, was eure unersättlichen Presser fordern, und tragen, was sie euch aufbürden. So weit ein Tyrann blicket – und Deutschland hat deren wohl dreißig – verdorret Land und Volk. Aber wie der Prophet schreibet, so wird es bald stehen in Deutschland: der Tag der Auferstehung wird nicht säumen. In dem Leichenfelde wird sichs regen und wird rauschen und der Neubelebten wird ein großes Heer sein.

eitel Schinderei
eine wahre Qual

Hebt die Augen auf und zählt das Häuflein eurer Presser, die nur stark sind durch das Blut, das sie euch aussaugen und durch eure Arme, die ihr ihnen willenlos leihet. Ihrer sind vielleicht 10 000 im Großherzogtum und Eurer sind es 700 000 und also verhält sich die Zahl des Volkes zu seinen Pressern auch im übrigen Deutschland. Wohl drohen sie mit dem Rüstzeug und den Reisigen der Könige, aber ich sage euch: Wer das Schwert erhebt gegen das Volk, der wird durch das Schwert des Volkes umkommen. Deutschland ist jetzt ein Leichenfeld, bald wird es ein Paradies sein. Das deutsche Volk

Wer das Schwert erhebt ...
vgl. Mt. 26,32

Verstehen und Deuten | **81**

ist *ein* Leib, ihr seid ein Glied dieses Leibes. Es ist einerlei, wo die Scheinleiche zu zucken anfängt. Wann der Herr euch seine Zeichen gibt durch die Männer, durch welche er die Völker aus der Dienstbarkeit zur Freiheit führt, dann erhebet euch und der ganze Leib wird mit euch aufstehen.

Ihr bücktet euch lange Jahre in den Dornäckern der Knechtschaft, dann schwitzt ihr einen Sommer im Weinberge der Freiheit und werdet frei sein bis ins tausendste Glied.

Ihr wühltet ein langes Leben die Erde auf, dann wühlt ihr euren Tyrannen ein Grab. Ihr bautet die Zwingburgen, dann stürzt ihr sie und bauet der Freiheit Haus. Dann könnt ihr eure Kinder frei taufen mit dem Wasser des Lebens. Und bis der Herr euch ruft durch seine Boten und Zeichen, wachet und rüstet euch im Geiste und betet ihr selbst und lehrt eure Kinder beten: »Herr, zerbrich den Stecken unserer Treiber und lass dein Reich zu uns kommen, das Reich der Gerechtigkeit. Amen.«

Stecken Stock; vgl. Jes. 9,3

Fritz Deppert

Steckbrief ———————————————— 1987

Alter: 21 Jahre,
Größe: 6 Schuh, 9 Zoll neuen Hessischen Maßes.
Wenn er ihnen in die Hände gefallen wäre,
hätten sie ihn verrotten lassen,
die Läuse hätten ihn gefressen
und sie hätten sich die Hände in Unschuld
und Weihwasser gerieben.
Haare: blond.
Stirne: sehr gewölbt,
Augenbrauen: blond,

Augen: grau,
Nase: stark,
Mund: klein.
Über die Grenze weg
5 schlug er ihnen ein Schnippchen,
nachdem er noch vorher
sich unsterblich
und ihren Henkerhänden unerreichbar
geschrieben hatte.
10 Bart: blond,
Kinn: rund,
Angesicht: oval,
Gesichtsfarbe: frisch.
Jetzt feiern sie ihn,
15 die Schießübungen werden verschwiegen,
der Landbote wird des guten Stils wegen gelesen,
sie versuchen den Aufbegehrenden durch Klatschen
mundtot zu machen
und benennen Schulen nach ihm.
20 Statur: kräftig, schlank,
Besondere Kennzeichen: Kurzsichtigkeit.
Aber er lebt, ihrem Zugriff entzogen;
die auf die dünne Erdkruste treten
und Angst haben durchzubrechen, sind sie,
25 die ewigen Verfolger.
Herzlichen Glückwunsch, Büchner,
auch dazu.

Arbeitsanregungen

1. Untersuchen Sie das Gespräch, das der Hauptmann mit Woyzeck führt (S. 16–18). Erläutern Sie die Beziehung zwischen beiden Figuren. Wie charakterisiert der Hauptmann Woyzeck, wie sich selbst?

2. Bestimmen Sie den sozialen Status, die soziale Rolle und den Stand der Figuren innerhalb des Dramas. Erstellen Sie eine Grafik, mit dere Hilfe Sie die Beziehungen der Figuren untereinander deutlich machen.

3. Markieren Sie zentrale Begriffe, die Büchner in seinem Brief an die Eltern verwendet (S. 61 f.), und erläutern Sie deren gedanklichen Zusammenhang: Welche Äußerungen des Verfassers lassen sich auf sein Drama beziehen?

4. Wie könnten die Eltern auf Büchners Brief reagiert haben? Welche Fragen könnten sie ihrem Sohn gestellt haben? Machen Sie sich vertraut mit der Lebenssituation des Autors im Jahr 1834 und schreiben Sie den Antwortbrief der Eltern.

5. Informieren Sie sich über die Entstehung, Verbreitung und Wirkung des »Hessischen Landboten«. Auf welche politische Situation reagiert der Text? Charakterisieren Sie die Textsorte. Mit welchen rhetorischen Mitteln arbeiten die Verfasser? Welche Funktion haben die Statistiken im Text? Was wollen die Autoren mit der Verwendung von Bibelzitaten erreichen?

Menschenversuche – Wissenschaftskritik

Udo Roth

Naturwissenschaftliche Experimentalpraxis im »Woyzeck« _____ 2002

Georg Büchners 1836/1837 entstandenes »Woyzeck«-Fragment steht sprachlich wie thematisch in einem krassen Gegensatz zu dem früheren literarischen Werk. Einerseits durch den massiven Einsatz naturwissenschaftlicher Termini, andererseits durch die Tatsache, dass die Wissenschaft selbst Vorführgegenstand auf der Bühne ist, wird das Stück zu einem Dokument, welches den aktuellen Stand der Wissenschaft, eingebettet in den Kontext des Dramas, in nahezu brutaler Weise herausarbeitet. Hierbei liegt ein besonderes Augenmerk auf den wissenschaftlichen Untersuchungspraktiken. Der Doktor repräsentiert den typischen Vertreter einer Wissenschaft, deren ausschließliches Ziel es ist, Ergebnisse vorzulegen. […]

»Woyzeck« präsentiert eine Ansammlung solcher Versuche, Versuchsreihen, Versuchsanordnungen. Fast ausschließlich ist es der Mensch, der hier zum Zwecke der Forschung von den Forschenden gebraucht, ja missbraucht wird. Woyzeck ist wohl die bedauernswerteste und geschundenste Versuchsperson dieses Kreises von Probanden. Der einfache Soldat, eingebunden in ein erniedrigendes Militärsystem, ausgebeutet von einem Hauptmann und gedemütigt von einem Tambourmajor, dient in vielfacher Weise den wissenschaftlichen Zwecken des Doktors: Laufbursche, Demonstrationsmaterial und Versuchsobjekt in einer Person, nimmt Woyzeck diese Schikanen auf sich, um Marie und dem gemeinsamen Kind das Leben zu ermöglichen.

Die Materialien, mit denen Woyzeck den Doktor für des-

Probanden Versuchspersonen

Verstehen und Deuten | **85**

sen wissenschaftliche Arbeiten versorgt, sind vielfältig. Neben allerlei Getier und tierischen Substanzen ist es jedoch vor allem das »Menschenmaterial« Woyzeck, das dem Doktor als Forschungsgegenstand dient. An Woyzeck wird ermittelt, in welchem qualitativen Verhältnis die aufgenommene Nahrung und die ausgeschiedenen Stoffe zueinander stehen. Zu diesem Zweck dienen ihm trotz zunehmendem körperlichen Verfall und beginnenden psychischen Störungen seit »einem Vierteljahr« ausschließlich Erbsen als Nahrungsmittel, sein Urin wird täglich analysiert. Die Ergebnisse dieser qualitativen Untersuchungen scheinen vielversprechend zu sein, der Doktor hofft durch sie eine »Revolution in der Wissenschaft« herbeiführen zu können.

Dieses Bild einer skrupellosen Experimentalpraxis ist angelehnt an historische Fakten. Mitte des 17. Jahrhunderts war es gelungen, auf einfachem Wege aus Tierknochen Gelatine zu gewinnen, die – allerdings erfolglos – als Nahrungsmittel in Armenhäusern und Hospitälern empfohlen wurde. Während der Hungerperiode nach der Französischen Revolution nahmen verschiedene Philanthropen den Vorschlag erneut auf, und ab 1812 begann man in Frankreich, Hospitalinsassen und Armenhausbewohner mit Gelatine zu ernähren. Der Gebrauch des Knochenleims als Nahrung der armen Bevölkerungsschichten ließ jedoch bald kritische Stimmen laut werden, die den Nährwert der Gelatine anzweifelten. In Folge dieser Diskussion setzte die Pariser »Académie des sciences« 1831 eine Kommission ein, die der Frage nachgehen sollte, wie nahrhaft Gelatine wirklich sei. Neben zahlreichen Tierversuchen wurden zur Klärung dieser Frage auch umfangreiche Versuche an Menschen durchgeführt, von welchen einige augenfällige Parallelen zu den Experimenten in »Woyzeck« zeigen. So führte in den Jahren 1831 bis 1834 der französische Chemiker Jean-Sébastien-Eugène Julia de Fontenelle eine

Philanthropen
Menschenfreunde

Académie des sciences
frz. »Akademie der Wissenschaften«

breit angelegte Versuchsreihe durch, während der er seine Probanden in jeweils dreimonatigen Versuchsabschnitten einer auf Gelatine aufbauenden Diät unterzog. Neben der ausschließlichen Gabe von Gelatine wurde diese jedoch auch mit verschiedenen Komponenten gereicht, wobei Fontenelle herausfand, dass sich die ansonsten unnahrhafte Gelatine in Verbindung mit Erbsen und anderen Hülsenfrüchten als die innerhalb der Experimente nahrhafteste Speise erwies.

Zu ähnlichen Ergebnissen kam auch der Naturforscher Henri Milne Edwards. Edwards beschäftigte sich mit der Frage, inwieweit die Ernährung mit Gelatine die Körperkräfte beeinflusste. Zu diesem Zwecke bediente er sich zunächst einer nicht näher charakterisierten Person, deren Körperkräfte in bestimmten zeitlichen Abständen nach den Mahlzeiten mittels eines Dynamometers gemessen wurden. *Dynamometers* **Kraftmessers** Verschiedene Nahrungsmittel wurden zum Vergleich gereicht, wobei sich zeigte, dass eine gewürzte Gelatinesuppe, eine Art Bouillon aus 25 % Fleisch und 75 % Gelatine, zu einer Kräftevermehrung des Körpers führte, die deutlich über dem Grade anderer Nahrungsmittel lag. Um diese Ergebnisse zu bestätigen, schloss Edwards eine breiter angelegte Versuchsreihe an. Mit Unterstützung eines Bataillonkommandeurs und mithilfe eines Armeechirurgen wurden an Soldaten Ernährungsexperimente unternommen. Die Ergebnisse stimmten mit denen der Einzelversuche überein.

Dieser Überblick offeriert ein beinahe exaktes Abbild der *offeriert* **bietet** Versuche in »Woyzeck«. In Zeitabschnitten von drei Monaten werden Probanden einer zumindest mit Erbsen versetzten einseitigen Ernährung unterzogen, unterstützt von einem Armeearzt und einem hochrangigen Militär werden Soldaten – insbesondere Füsiliere – als willfährige Opfer eines Humanexperiments herangezogen. Warum aber die Ernährungsversuche in Büchners Drama nur an Woyzeck durch-

Verstehen und Deuten

erhellt ein Rekurs verdeutlicht ein Rückblick

geführt werden – einen Hinweis auf Einbindung anderer Soldaten gibt der Text nicht –, erhellt ein Rekurs auf den Edwards'schen Versuchsaufbau: Zunächst an nur einer Person, erst später an einer größeren Gruppe fanden die Experimente statt. Und da beide Versuchsreihen nahezu identische Ergebnisse hinsichtlich eines Mittelwertes ergaben, schloss Edwards, dass »[j]enes Individuum […] sich also recht wohl als den Typus der Anlagen der Art betrachten [lasse], und man sich in Fällen, wo nicht in größern Maaßstabe experimentiert werden kann, auf die mit diesem einzelnen Menschen erhaltenen Resultate ziemlich verlassen« könne. Woyzeck stellt demnach einen Typus dar, mit dessen Hilfe die Resultate auf die Masse der Soldaten – und letztendlich ganzer Gesellschaftsschichten – übertragbar werden.

88 | Materialien

Alexander Kluge

Ein Liebesversuch ———————————— 1962

Als das billigste Mittel, in den Lagern Massensterilisationen durchzuführen, erschien 1943 Röntgenbestrahlung. Zweifelhaft war, ob die so erzielte Unfruchtbarkeit nachhaltig war. Wir führten einen männlichen und einen weiblichen Gefangenen zu einem Versuch zusammen. Der dafür vorgesehene Raum war größer als die meisten anderen Zellen, er wurde mit Teppichen der Lagerleitung ausgelegt. Die Hoffnung, dass die Gefangenen in ihrer hochzeitlich ausgestalteten Zelle dem Versuch Genüge leisteten, erfüllte sich nicht.

Wussten sie von der erfolgten Sterilisation?

Das war nicht anzunehmen. Die beiden Gefangenen setzten sich in verschiedene Ecken des Dielen gedeckten und Teppich belegten Raumes. Es war durch das Bullauge, das der Beobachtung von außen diente, nicht zu erkennen, ob sie seit der Zusammenführung miteinander gesprochen hatten. Sie führten jedenfalls keine Gespräche. Diese Passivität war deshalb besonders unangenehm, weil hochgestellte Gäste sich zur Beobachtung des Versuchs angesagt hatten; um den Fortgang des Experiments zu beschleunigen, befahl der Standortarzt und Leiter des Versuchs, den beiden Gefangenen die Kleider fortzunehmen.

Schämten sich die Versuchspersonen?

Man kann nicht sagen, dass die Versuchspersonen sich schämten. Sie blieben im Wesentlichen auch ohne ihre Kleidung in den bis dahin eingenommenen Positionen, sie schienen zu schlafen. Wir wollen sie ein bisschen aufwecken, sagte der Leiter des Versuchs. Es wurden Schallplatten herbeigeholt. Durch das Bullauge war zu sehen, dass beide Gefangenen auf

apathischen
teilnahmslosen,
regungslosen

die Musik zunächst reagierten. Wenig später verfielen sie aber wieder in ihren apathischen Zustand. Für den Versuch war es wichtig, dass die Versuchspersonen endlich mit dem Versuch begannen, da nur so mit Sicherheit festgestellt werden konnte, ob die unauffällig erzeugte Unfruchtbarkeit bei den behandelten Personen auch über längere Zeitabschnitte hin wirksam blieb. Die am Versuch beteiligten Mannschaften warteten in den Gängen des Schlosses, einige Meter von der Zellentür entfernt. Sie verhielten sich im Wesentlichen ruhig. Sie hatten Weisung, sich nur flüsternd miteinander zu verständigen. Ein Beobachter verfolgte den Verlauf des Geschehens im Innenraum. So sollten die beiden Gefangenen in dem Glauben gewiegt werden, sie seien jetzt allein. Trotzdem kam in der Zelle keine erotische Spannung auf. Fast glaubten die Verantwortlichen, man hätte einen kleineren Raum wählen sollen. Die Versuchspersonen selbst waren sorgfältig ausgesucht. Nach den Akten mussten die beiden Versuchspersonen erhebliches erotisches Interesse aneinander empfinden.

Woher wusste man das?

J., Tochter eines Braunschweiger Regierungsrats, Jahrgang 1915, also etwa 28 Jahre, mit arischem Ehemann, Abitur, Studium der Kunstgeschichte, galt in der niedersächsischen Kleinstadt G. als unzertrennlich von der männlichen Versuchsperson, einem gewissen P., Jahrgang 1900, ohne Beruf. Wegen P. gab die J. den rettenden Ehemann auf. Sie folgte ihrem Liebhaber nach Prag, später nach Paris. 1938 gelang es, den P. auf Reichsgebiet zu verhaften. Einige Tage später erschien auf der Suche nach P. die J. auf Reichsgebiet und wurde ebenfalls verhaftet. Im Gefängnis und später im Lager versuchten die beiden mehrfach, zueinander zu kommen. Insofern unsere Enttäuschung: Jetzt durften sie endlich, und jetzt wollten sie nicht.

Waren die Versuchspersonen nicht willig?

Grundsätzlich waren sie gehorsam. Ich möchte also sagen: willig.

Waren die Gefangenen gut ernährt?

Schon längere Zeit vor Beginn des Versuchs waren die in Aussicht genommenen Versuchspersonen besonders gut ernährt worden. Nun lagen sie bereits zwei Tage im gleichen Raum, ohne dass Annäherungsversuche festzustellen waren. Wir gaben ihnen Eiweißgallert aus Eiern zu trinken, die Gefangenen nahmen das Eiweiß gierig auf. Oberscharführer Willhelm ließ die beiden aus Gartenschläuchen anspritzen, anschließend wurden sie wieder, frierend, in das Dielenzimmer geführt, aber auch das Wärmebedürfnis führte sie nicht zueinander.

Fürchteten sie die Freigeisterei, der sie sich ausgesetzt sahen? Glaubten sie, dies wäre eine Prüfung, bei der sie ihre Moralität zu erweisen hätten? Lag das Unglück des Lagers wie eine hohe Wand zwischen ihnen?

Wussten sie, dass im Falle einer Schwängerung beide Körper seziert und untersucht würden?

Dass die Versuchspersonen das wussten oder auch nur ahnten, ist unwahrscheinlich. Von der Lagerleitung wurden ihnen wiederholt positive Zusicherungen für den Überlebensfall gemacht. Ich glaube, sie wollten nicht. Zur Enttäuschung des eigens herangereisten Obergruppenführers A. Zerbst und seiner Begleitung ließ sich das Experiment nicht durchführen, da alle Mittel, auch die gewaltsamen, nicht zu einem positiven Versuchsausgang führten. Wir pressten ihre Leiber aneinander, hielten sie unter langsamer Erwärmung in Hautnähe aneinander, bestrichen sie mit Alkohol und gaben den Personen Alkohol, Rotwein mit Ei, auch Fleisch zu essen und

Verstehen und Deuten | **91**

Champus zu trinken, wir korrigierten die Beleuchtung, nichts davon führte jedoch zur Erregung.

Hat man denn alles versucht?

Ich kann garantieren, das alles versucht worden ist. Wir hatten einen Oberscharführer unter uns, der etwas davon verstand. Er versuchte nach und nach alles, was sonst todsicher wirkt. Wir konnten schließlich nicht selbst hineingehen und unser Glück versuchen, weil das Rassenschande gewesen wäre. Nichts von den Mitteln, die versucht wurden, führte zur Erregung.

Wurden wir selbst erregt?

Jedenfalls eher als die beiden im Raum; wenigstens sah es so aus. Andererseits wäre uns das verboten gewesen. Infolgedessen glaube ich nicht, dass wir erregt waren. Vielleicht aufgeregt, da die Sache nicht klappte.

Will ich liebend dir gehören.
kommst du zu mir heute Nacht?

Es gab keine Möglichkeit, die Versuchspersonen zu einer eindeutigen Reaktion zu gewinnen, und so wurde der Versuch ergebnislos abgebrochen. Später wurde er mit anderen Personen wieder aufgenommen.

Was geschah mit den Versuchspersonen?

Die widerspenstigen Versuchspersonen wurden erschossen.

Soll das besagen, dass an einem bestimmten Punkt des Unglücks Liebe nicht mehr zu bewerkstelligen ist?

Arbeitsanregungen

1. Verfassen Sie eine Rollenbiografie des Doktors. Beginnen Sie mit dem Satz: »Ich bin Mediziner an der Universität …«

2. Ordnen Sie das Bild von Dino Battaglia (S. 88) in den Textzusammenhang ein. Interpretieren Sie die Bildaussage und legen Sie dar, inwieweit der Zeichner die dargestellte Situation treffend wiedergegeben hat.

3. Erläutern Sie die Sprachform des Textes »Ein Liebesversuch« von Alexander Kluge (S. 89–92). Charakterisieren Sie die in ihm vorgestellten Sprecherrollen. Welche Beziehung hat das Sprecher-Ich zu dem Geschehen? Um was für eine Textsorte handelt es sich hier?

4. Alexander Kluge wurde 1932 geboren, hat Rechtswissenschaften und Geschichte studiert und seinen Text »Ein Liebesversuch« 1962 veröffentlicht. Welche möglichen Beweggründe für das Schreiben des Textes lassen sich diesen Daten entnehmen?

5. Vergleichen Sie den Menschenversuch im »Woyzeck« mit dem in dem Text »Ein Liebesversuch« hinsichtlich der Art des Experiments und seiner Darstellung.

6. Woyzeck wird vom Doktor als Versuchsobjekt missbraucht. Welche Parallelen zu dem hier dargestellten Experiment lassen sich auch in unserer Zeit noch feststellen? Wie beurteilen Sie solche Experimente?

Sprachliche und literarische Bezüge

Brüder Grimm
Sterntaler _____ 1812

Es war einmal ein kleines Mädchen; dem waren Vater und Mutter gestorben, und es war so arm, dass es kein Kämmerchen mehr hatte, darin zu wohnen, und kein Bettchen mehr, darin zu schlafen, und endlich gar nichts mehr als die Kleider auf dem Leib und ein Stückchen Brot in der Hand, das ihm ein mitleidiges Herz geschenkt hatte. Es war aber gut und fromm. Und weil es so von aller Welt verlassen war, ging es im Vertrauen auf den lieben Gott hinaus ins Feld. Da begegnete ihm ein armer Mann, der sprach: »Ach, gib mir etwas zu essen, ich bin so hungrig.« Es reichte ihm das ganze Stückchen Brot und sagte: »Gott segne dir's«, und ging weiter. Da kam ein Kind, das jammerte und sprach: »Es friert mich so an meinem Kopfe, schenk mir etwas, womit ich ihn bedecken kann«. Da tat es seine Mütze ab und gab sie ihm. Und als es noch eine Weile gegangen war, kam wieder ein Kind und hatte kein Leibchen an und fror; da gab es ihm seins; und noch weiter, da bat eins um ein Röcklein, das gab es auch von sich hin. Endlich gelangte es in einen Wald, und es war schon dunkel geworden, da kam noch eins und bat um ein Hemdlein, und das fromme Mädchen dachte: »Es ist dunkle Nacht, da sieht dich niemand, du kannst wohl dein Hemd weggeben«, und zog das Hemd ab und gab es auch noch hin. Und wie es so stand und gar nichts mehr hatte, fielen auf einmal die Sterne vom Himmel und waren lauter harte, blanke Taler; und ob es gleich sein Hemdlein weggegeben, so hatte es ein neues an und das war vom allerfeinsten Linnen. Da sammelte es sich die Taler hinein und war reich für sein Lebtag.

Brüder Grimm

Die sieben Raben ———————————— 1812

Ein Mann hatte sieben Söhne und immer noch kein Töchter-
chen, sosehr er sich's auch wünschte; endlich gab ihm seine
Frau wieder gute Hoffnung zu einem Kinde, und wie's zur
Welt kam, war es auch ein Mädchen. Die Freude war groß,
aber das Kind war schmächtig und klein, und sollte wegen
seiner Schwachheit die Nottaufe haben. Der Vater schickte
einen der Knaben eilends zur Quelle, Taufwasser zu holen:
Die andern sechs liefen mit, und weil jeder der Erste beim
Schöpfen sein wollte, so fiel ihnen der Krug in den Brunnen.
Da standen sie und wussten nicht, was sie tun sollten, und
keiner getraute sich heim. Als sie immer nicht zurückkamen,
ward der Vater ungeduldig und sprach: »Gewiss haben sie's
wieder über ein Spiel vergessen, die gottlosen Jungen.« Es
ward ihm angst, das Mädchen müsste ungetauft verscheiden,
und im Ärger rief er: »Ich wollte, dass die Jungen alle zu Raben würden.« Kaum war das Wort ausgeredet, so hörte er ein
Geschwirr über seinem Haupt in der Luft, blickte in die Höhe
und sah sieben kohlschwarze Raben auf- und davonfliegen.

Die Eltern konnten die Verwünschung nicht mehr zurück-
nehmen, und so traurig sie über den Verlust ihrer sieben
Söhne waren, trösteten sie sich doch einigermaßen durch ihr
liebes Töchterchen, das bald zu Kräften kam und mit jedem
Tage schöner ward. Es wusste lange Zeit nicht einmal, dass es
Geschwister gehabt hatte, denn die Eltern hüteten sich, ihrer
zu erwähnen, bis es eines Tags von ungefähr die Leute von
sich sprechen hörte, das Mädchen wäre wohl schön, aber
doch eigentlich Schuld an dem Unglück seiner sieben Brüder.
Da ward es ganz betrübt, ging zu Vater und Mutter und
fragte, ob es denn Brüder gehabt hätte und wo sie hingeraten
wären. Nun durften die Eltern das Geheimnis nicht länger

Verstehen und Deuten | **95**

verschweigen, sagten jedoch, es sei so des Himmels Verhängnis und seine Geburt nur der unschuldige Anlass gewesen. Allein das Mädchen machte sich täglich ein Gewissen daraus und glaubte, es müsste seine Geschwister wieder erlösen. Es hatte nicht Ruhe und Rast, bis es sich heimlich aufmachte und in die weite Welt ging, seine Brüder irgendwo aufzuspüren und zu befreien, es möchte kosten, was es wollte. Es nahm nichts mit sich als ein Ringlein von seinen Eltern zum Andenken, einen Laib Brot für den Hunger, ein Krüglein Wasser für den Durst und ein Stühlchen für die Müdigkeit.

Nun ging es immerzu, weit weit, bis an der Welt Ende. Da kam es zur Sonne, aber die war zu heiß und fürchterlich, und fraß die kleinen Kinder. Eilig lief es weg und lief hin zu dem Mond, aber der war gar zu kalt und auch grausig und bös, und als er das Kind merkte, sprach er: »Ich rieche rieche Menschenfleisch.« Da machte es sich geschwind fort und kam zu den Sternen, die waren ihm freundlich und gut, und jeder saß auf seinem besonderen Stühlchen. Der Morgenstern aber stand auf, gab ihm ein Hinkelbeinchen und sprach: »Wenn du das Beinchen nicht hast, kannst du den Glasberg nicht aufschließen, und in dem Glasberg, da sind deine Brüder.«

Hinkelbeinchen
Hühnerknochen

Das Mädchen nahm das Beinchen, wickelte es wohl in ein Tüchlein, und ging wieder fort, so lange, bis es an den Glasberg kam. Das Tor war verschlossen, und es wollte das Beinchen hervorholen, aber wie es das Tüchlein aufmachte, so war es leer, und es hatte das Geschenk der guten Sterne verloren. Was sollte es nun anfangen? Seine Brüder wollte es erretten und hatte keinen Schlüssel zum Glasberg. Das gute Schwesterchen nahm ein Messer, schnitt sich ein kleines Fingerchen ab, steckte es in das Tor und schloss glücklich auf. Als es eingegangen war, kam ihm ein Zwerglein entgegen, das sprach: »Mein Kind, was suchst du?« »Ich suche meine Brüder, die sieben Raben«, antwortete es. Der Zwerg sprach: »Die Herren

Raben sind nicht zu Haus, aber willst du hier so lang warten, bis sie kommen, so tritt ein.« Darauf trug das Zwerglein die Speise der Raben herein auf sieben Tellerchen und in sieben Becherchen, und von jedem Tellerchen aß das Schwesterchen ein Bröckchen, und aus jedem Becherchen trank es ein Schlückchen; in das letzte Becherchen aber ließ es das Ringlein fallen, das es mitgenommen hatte.

Auf einmal hörte es in der Luft ein Geschwirr und ein Geweh, da sprach das Zwerglein: »Jetzt kommen die Herren Raben heimgeflogen.« Da kamen sie, wollten essen und trinken und suchten ihre Tellerchen und Becherchen. Da sprach einer nach dem andern: »Wer hat von meinem Tellerchen gegessen? Wer hat aus meinem Becherchen getrunken? Das ist eines Menschen Mund gewesen.« Und wie der siebente auf den Grund des Bechers kam, rollte ihm das Ringlein entgegen. Da sah er es an und erkannte, dass es ein Ring von Vater und Mutter war, und sprach: »Gott gebe, unser Schwesterlein wäre da, so wären wir erlöst.« Wie das Mädchen, das hinter der Türe stand und lauschte, den Wunsch hörte, so trat es hervor, und da bekamen alle die Raben ihre menschliche Gestalt wieder. Und sie herzten und küssten einander und zogen fröhlich heim.

Verstehen und Deuten | **97**

Arbeitsanregungen

1. Der Hauptmann und der Doktor werden von Büchner im »Woyzeck« als Karikaturen gezeichnet. Welche sprachlichen und literarischen Mittel verwendet er dabei? Was will er mit ihnen erreichen?

2. Belegen Sie an Beispielen, wie die Sprache von Marie und Woyzeck von biblischen Bezügen durchdrungen ist. Welche Funktion haben diese Hinweise?

3. Untersuchen Sie Bedeutung und Funktion der Liedeinlagen im »Woyzeck«.

4. Arbeiten Sie typische Strukturmerkmale des Märchens anhand der beiden Märchen der Brüder Grimm heraus.

5. Vergleichen Sie die beiden Märchen »Sterntaler« und »Die sieben Raben« mit der Geschichte, die die Großmutter erzählt. Würden Sie diese noch als Märchen bezeichnen? Begründen Sie Ihre Entscheidung.

6. Inwieweit reflektiert die Geschichte der Großmutter die zentrale Problematik des Dramas? Kennzeichnen Sie die Funktion dieser Erzählung.

7. Welche sprachlichen/stilistischen Übereinstimmungen können Sie zwischen dem »Woyzeck« und den Szenen aus dem Drama »Die Soldaten« von Jakob Michael Reinhold Lenz (S. 104–107) feststellen?

Poetik des Dramas: realistische Ästhetik

Georg Büchner
Brief an die Eltern ——————————— 1835

Straßburg, 28. Juli 1835

[…] der dramatische Dichter ist in meinen Augen nichts, als
ein Geschichtsschreiber, steht aber *über* Letzterem dadurch,
daß er uns die Geschiche zum zweiten Mal erschafft und uns
gleich unmittelbar, statt eine trockne Erzählung zu geben, in
das Leben einer Zeit hinein versetzt, uns statt Charakteris-
tiken Charaktere, und statt Beschreibungen Gestalten gibt.
Seine höchste Aufgabe ist, der Geschichte, wie sie sich wirklich begeben, so nahe als möglich zu kommen. Sein Buch darf
weder *sittlicher* noch *unsittlicher* sein, als die *Geschichte
selbst*; aber die Geschichte ist vom lieben Herrgott nicht zu
einer Lectüre für junge Frauenzimmer geschaffen worden,
und da ist es mir auch nicht übel zu nehmen, wenn mein
Drama ebensowenig dazu geeignet ist. […]

Der Dichter ist kein Lehrer der Moral, er erfindet und
schafft Gestalten, er macht vergangene Zeiten wieder aufle-
ben, und die Leute mögen dann daraus lernen, so gut, wie aus
dem Studium der Geschichte und der Beobachtung dessen,
was im menschlichen Leben um sie herum vorgeht. Wenn
man *so* wollte, dürfte man keine Geschichte studiren, weil
sehr viele unmoralische Dinge darin erzählt werden, müßte
mit verbundenen Augen über die Gasse gehen, weil man
sonst Unanständigkeiten sehen könnte, und müßte über einen Gott Zeter schreien, der eine Welt erschaffen, worauf so
viele Liederlichkeiten vorfallen. Wenn man mir übrigens noch
sagen wollte, der Dichter müsse die Welt nicht zeigen wie sie
ist, sondern wie sie sein solle, so antworte ich, daß ich es nicht
besser machen will, als der liebe Gott, der die Welt gewiß ge-

*Zeter schreien
schimpfen
vorfallen
vorkommen*

Verstehen und Deuten | **99**

macht hat, wie sie sein soll. Was noch die sogenannten Ideal-
dichter anbetrifft, so finde ich, daß sie fast nichts als Ma-
rionetten mit himmelblauen Nasen und affectirtem Pathos,
aber nicht Menschen von Fleisch und Blut gegeben haben,
deren Leid und Freude mich mitempfinden macht, und deren 5
Thun und Handeln mir Abscheu oder Bewunderung einflößt.
Mit einem Wort, ich halte viel auf Goethe und Shakspeare,
aber sehr wenig auf Schiller. [...]

Georg Büchner

Dantons Tod. 2. Akt, 3. Szene _____ 1835 10

Camille Ich sage euch, wenn sie nicht alles in hölzernen Ko-
pien bekommen, verzettelt in Theatern, Konzerten und
Kunstausstellungen, so haben sie weder Augen noch Ohren dafür. Schnitzt einer eine Marionette, wo man den
Strick hereinhängen sieht, an dem sie gezerrt wird, und 15
deren Gelenke bei jedem Schritt in fünffüßigen Jamben

fünffüßigen krachen – welch ein Charakter, welche Konsequenz!
Jamben Nimmt einer ein Gefühlchen, eine Sentenz, einen Begriff
Blankversen und zieht ihm Rock und Hosen an, macht ihm Hände
und Füße, färbt ihm das Gesicht und lässt das Ding sich 20
drei Akte hindurch herumquälen, bis es sich zuletzt verheiratet oder sich totschießt – ein Ideal! Fiedelt einer eine
Oper, welche das Schweben und Senken im menschlichen
Gemüt wiedergibt wie eine Tonpfeife mit Wasser die
Nachtigall – ach, die Kunst! 25
Setzt die Leute aus dem Theater auf die Gasse: die
erbärmliche Wirklichkeit! – Sie vergessen ihren Herrgott
über seinen schlechten Kopisten. Von der Schöpfung, die
glühend, brausend und leuchtend, um und in ihnen, sich

jeden Augenblick neu gebiert, hören und sehen sie nichts. Sie gehen ins Theater, lesen Gedichte und Romane, schneiden den Fratzen darin die Gesichter nach und sagen zu Gottes Geschöpfen: wie gewöhnlich! […]

Danton Und die Künstler gehen mit der Natur um wie David, der im September die Gemordeten, wie sie aus der Force auf die Gasse geworfen wurden, kaltblütig zeichnete und sagte: ich erhasche die letzten Zuckungen des Lebens in diesen Bösewichtern. […]

Force
Pariser Gefängnis

Alfred Kerr

Georg Büchner: Woyzeck ────────── 1921

I

Woyzeck ist der Mensch, auf dem alle rumtrampeln. Dem Hauptmann dient er zur Hänselei. Dem Doktor dient er zum Kaninchen. Dem Tambourmajor dient er zum Püffefang. Seiner Marie dient er zur Wurz'n. Woyzeck ist der Mensch, auf dem alle rumtrampeln. Somit ein Behandelter – nicht ein Handelnder. Somit ein Kreisel – nicht eine Peitsche. Somit ein Becken – nicht ein Quell. Somit ein Opfer – nicht ein Täter.

Somit ein Dramenheld?

zur Wurz'n
als ein willfähriges Opfer

II

Woyzeck wehrt sich nicht … Und als er sich doch wehrt, einmal: da mordet er nicht den Tambourmajor: sondern die Geliebte. Nicht den Räuber: sondern die Geraubte. Nicht den Feind: sondern das eigene Herz.

Eine veraltete Ästhetik müsste den Woyzeck untauglich zur Dramengestalt nennen. Er ist sehr tauglich hierzu.

Ästhetik
Kunstlehre

Denn Dramengestalt wird sozusagen die Mitwelt – nicht Woyzeck. Täter wird sozusagen die machtvolle Selbstsucht – nicht die machtlose Beute. Kernpunkt wird sozusagen die quälende Menschheit – nicht ihr gequälter Mensch.

III

Bei alledem bleibt wahr: dass der Woyzeck sich wehrt, indem er sich nicht wehrt. Dass er durch seine Machtlosigkeit justament furchtbarsten Einspruch erhebt. Dass er am tiefsten angreift, weil er nicht angreifen kann. [...]

Woyzeck ist sehr wohl ein Held fürs Drama. Woyzeck darf nie ein Dramenheld werden. Das ist klar.

justament gerade

Georg Büchner
Lenz ———————————————————— 1835

Über Tisch Bei Tisch

Kaufmann Schweizer Schriftsteller (1753–1795) des Sturm und Drang

[...] Über Tisch war Lenz wieder in guter Stimmung, man sprach von Literatur, er war auf seinem Gebiete; die idealistische Periode fing damals an, Kaufmann war ein Anhänger davon, Lenz widersprach heftig. Er sagte: Die Dichter, von denen man sage, sie geben die Wirklichkeit, hätten auch keine Ahnung davon, doch seyen sie immer noch erträglicher, als die, welche die Wirklichkeit verklären wollten. Er sagte: Der liebe Gott hat die Welt wohl gemacht wie sie seyn soll, und wir können wohl nicht was Besseres klecksen, unser einziges Bestreben soll seyn, ihm ein wenig nachzuschaffen. Ich verlange in allem Leben, Möglichkeit des Daseins, und dann ist's gut; wir haben dann nicht zu fragen, ob es schön, ob es häßlich ist, das Gefühl, daß Was geschaffen sey, Leben habe, stehe über diesen Beiden, und sey das einzige Kriterium in Kunstsachen. Übrigens begegne es uns nur selten, in Shakespeare finden wir es und in den Volksliedern tönt es einem ganz, in Göthe manchmal entgegen. Alles Übrige kann man ins Feuer werfen. Die Leute können auch keinen Hundsstall zeichnen. Da wolle man idealistische Gestalten, aber Alles, was ich davon gesehen, sind Holzpuppen. Dieser Idealismus ist die schmählichste Verachtung der menschlichen Natur. Man versuche es einmal und senke sich in das Leben des Geringsten und gebe es wieder, in den Zuckungen, den Andeutungen, dem ganzen feinen, kaum bemerkten Mienenspiel; er hätte dergleichen versucht im »Hofmeister« und den »Soldaten«. Es sind die prosaischsten Menschen unter der Sonne; aber die Gefühlsader ist in fast allen Menschen gleich, nur ist die Hülle mehr oder weniger dicht, durch die sie brechen muß. Man muß nur Aug und Ohren dafür haben. Wie ich gestern neben am Thal hinaufging, sah ich auf einem Steine zwei Mädchen sitzen, die eine band ihre Haare auf, die andre half ihr; und das goldne Haar hing herab, und ein ernstes bleiches Gesicht, und doch so jung, und die schwarze Tracht und die andre so sorgsam bemüht. Die schönsten, innigsten Bilder der altdeutschen Schule geben kaum eine Ahnung davon. […] Man muß die Menschheit lieben, um in das eigenthümliche Wesen jedes einzudringen, es darf einem keiner zu gering, keiner zu häßlich seyn, erst dann kann man sie verstehen; das unbedeutendste Gesicht macht einen tiefern Eindruck als die bloße Empfindung des Schönen, und man kann die Gestalten aus sich heraustreten lassen, ohne etwas vom Äußern hinein zu kopieren, wo einem kein Leben, keine Muskeln, kein Puls entgegen schwillt und pocht. […] Der Dichter und Bildende ist mir der Liebste, der mir die Natur am Wirklichsten giebt, so daß ich über seinem Gebild fühle, Alles Übrige stört mich. […]

Büchner lässt in seiner Novelle »Lenz« den Sturm-und-Drang-Dichter Jakob Michael Reinhold Lenz (1751–1792) eine Kunstauffassung ausdrücken, die er selbst auch vertrat. Auch im »Woyzeck« finden sich zahlreiche Übereinstimmungen hinsichtlich Motive, sprachlicher Form und Szenengestaltung mit der realistischen Darstellungsweise, wie sie Lenz in seinen eigenen Dramen umsetzte. In Lenz' Stück »Die Soldaten« wird Mariane Wesener, die mit dem Tuchhändler Stolzius verlobt ist, von einem adligen Offizier verführt. Ihre Familie gerät dadurch ins Elend, und Stolzius vergiftet am Ende den Offzier Desportes und sich selbst.

Jakob Michael Reinhold Lenz

Die Soldaten. 1. Akt, 6. Szene ————————— 1776

Marianens Zimmer

Zitternadel
Kopfschmuck,
Ziernadel aus
vibrierendem
Draht

Sie sitzt auf ihrem Bett, hat die Zitternadel in der Hand und spiegelt damit, in den tiefsten Träumereien. Der Vater tritt herein, sie fährt auf und sucht die Zitternadel zu verbergen.

Mariane Ach Herr Jesus – –

Na so mach Sie
doch das Kind
nicht
Führe Sie sich
doch nicht wie
ein Kind auf

Wesener Na so mach Sie doch das Kind nicht. *(Geht einigemal auf und ab, dann setzt er sich zu ihr.)* Hör Marianel! du weißt ich bin dir gut, sei du nur recht aufrichtig gegen mich, es wird dein Schade nicht sein. Sag mir hat der Baron was von der Lieb vorgesagt?

Mariane *(sehr geheimnisvoll)* Pappa! – er ist verliebt in mich, das ist wahr. Sieht Er einmal, diese Zitternadel hat er mir auch geschenkt.

Wesener Was tausend Hagelwetter – Potz Mord noch einmal

(nimmt ihr die Zitternadel weg) hab ich dir nicht verboten –

Mariane Aber Papa ich kann doch so grob nicht sein und es
ihm abschlagen. Ich sag Ihm er hat getan wie wütig, als
ich's nicht annehmen wollte *(läuft nach dem Schrank)*,
hier sind auch Verse die er auf mich gemacht hat. *(Reicht
ihm ein Papier)*

[...]

Wesener Na so denn. *(Küßt sie)* Kannst noch einmal gnädige
Frau werden närrisches Kind. Man kann nicht wissen
was einem manchmal für ein Glück aufgehoben ist.

Mariane Aber Papa. *(Etwas leise)* Was wird der arme Stolzius sagen?

Wesener Du mußt darum den Stolzius nicht so gleich ab-
schröcken, hör einmal. – Nu ich will dir schon sagen, wie
du den Brief an ihm einzurichten hast. Unterdessen
schlaf Sie gesund Meerkatze.

Mariane *(küßt ihm die Hand)* Gute Nacht Pappuschka! –
*(Da er fort ist, tut sie einen tiefen Seufzer und tritt ans
Fenster indem sie sich aufschnürt.)* Das Herz ist mir so
schwer. Ich glaub es wird gewittern die Nacht. Wenn es
einschlüge – *(Sieht in die Höhe, die Hände über ihre of-
fene Brust schlagend)* Gott was hab ich denn Böses getan? – – Stolzius – ich lieb dich ja noch – aber wenn ich
nun mein Glück besser machen kann – und Pappa selber
mir den Rat gibt. *(Zieht die Gardine vor)* Trifft mich's so
trifft mich's, ich sterb nicht anders als gerne. *(Löscht ihr
Licht aus)*

Meerkatze
Kosewort:
kleines Äffchen

Jakob Michael Reinhold Lenz

Die Soldaten. 3. Akt, 2. Szene —————— 1776

Stolzius' Wohnung

*Er sitzt mit verbundenem Kopf an einem Tisch auf dem eine
Lampe brennt, einen Brief in der Hand, seine Mutter neben
ihm.*

Mutter *(die auf einmal sich ereifert)* Willst du denn nicht
schlafen gehen du gottloser Mensch! So red doch, so sag
was dir fehlt. Das Luder ist deiner nicht wert gewesen.
Was grämst du dich, was wimmerst du um eine solche –
Soldatenhure.

Stolzius *(mit dem äußersten Unwillen vom Tisch sich auf-
richtend)* Mutter –

Mutter Was ist sie denn anders – du – und du auch, daß du
dich an solche Menscher hängst.

Stolzius *(faßt ihr beide Hände)* Liebe Mutter, schimpft nicht
auf sie, sie ist unschuldig, der Offizier hat ihr den Kopf
verrückt. Seht einmal wie sie mir sonst geschrieben hat.
Ich muß den Verstand verlieren darüber. Solch ein gutes
Herz.

Mutter *(steht auf und stampft mit dem Fuß)* Solch ein Luder – Gleich zu Bett mit dir, ich befehl es dir. Was soll
daraus werden, was soll da herauskommen. Ich will dir
weisen, junger Herr, daß ich deine Mutter bin.

Stolzius *(an seine Brust schlagend)* Marianel – nein sie ist es
nicht mehr, sie ist nicht dieselbige mehr – *(Springt auf)*
Laßt mich –

Mutter *(weint)* Wohin du Gottvergessener.

Stolzius Ich will dem Teufel der sie verkehrt hat – *(Fällt
kraftlos auf die Bank, beide Hände in die Höhe)* Oh du

sollst mir's bezahlen, du sollst mir's bezahlen. *(Kalt)* Ein Tag ist wie der andere, was nicht heut kommt, kommt morgen, und was langsam kommt, kommt gut. Wie heißt's in dem Liede Mutter, wenn ein Vögelein von einem Berge alle Jahre ein Körnlein wegtrüge, endlich würde es ihm doch gelingen.

Mutter Ich glaube du phantasierst schon *(greift ihm an den Puls)*, leg dich zu Bett Karl, ich bitte dich um Gotteswillen. Ich will dich warm zudecken, was wird da herauskommen du großer Gott das ist ein hitziges Fieber – um solch eine Metze –

Stolzius Endlich – endlich – – alle Tage ein Sandkorn, ein Jahr hat zehn zwanzig dreißig hundert – *(Die Mutter will ihn fortleiten.)* Laßt mich Mutter, ich bin gesund.

Mutter Komm nur komm *(ihn mit Gewalt fortschleppend)* Narre! – Ich werd dich nicht loslassen, das glaub mir nur. *(Ab)*

Arbeitsanregungen

1. Was versteht Büchner unter Realismus in der Kunst? Von welchen Formen der Kunst grenzt er sich ab? Analysieren Sie das Gespräch über Kunst in der Novelle »Lenz« (S. 102f.)

2. Untersuchen Sie, inwieweit Büchners Drama »Woyzeck« diesem Kunstbegriff entspricht. Konkretisieren Sie Ihre Überlegungen an einer Szene aus dem Stück.

3. Die Büchner-Forschung nennt vor allem drei Prinzipien der Verknüpfung der »Woyzeck«-Szenen: die Hauptfigur, den Aufbau eines gesellschaftlichen Systems und die Metaphorik/Motivik. Erläutern Sie die drei Aspekte im Hinblick auf den Aufbau und die Gliederung des Stückes.

4. »Woyzeck ist sehr wohl ein Held fürs Drama. Woyzeck darf nie ein Dramenheld werden. Das ist klar.« Wie verstehen Sie diese Feststellung von Alfred Kerr (S. 102)?

Wirkung und mediale Gestaltung

Herbert Ihering
Büchner-Abend ─────────────────── 1913

Am 8. November 1913 wurde »Woyzeck« im Münchener Residenztheater uraufgeführt. Kurz darauf, am 1. Dezember, wurde das Stück in Berlin am Lessingtheater inszeniert.

»Wozzeck« und »Leonce und Lena« wurden im Lessingtheater gefeiert, als ob es einen gegenwärtigen Dichter durchzusetzen gäbe. In Wahrheit: Wäre Büchner ganz unbekannt, und durch einen Zufall kämen seine Manuskripte ans Licht – niemals wäre der Augenblick für eine literarische Fälschung günstiger gewesen. Büchner als Heutiger ausgegeben – es würde heißen: »Der Autor wird, wenn er sich folgerichtig entwickelt, die ersehnte Synthese von Naturalismus und Romantik bringen.« Nun aber hat Büchner vor hundert Jahren gelebt als ein Genie, das die Entwicklung von Jahrzehnten vorwegnahm und dessen Schaffen doch folgenlos blieb. Denn der Naturalismus des endenden neunzehnten Jahrhunderts und die Neuromantik des beginnenden zwanzigsten sind unabhängig von ihm und haben nur eine rückwirkende Kraft: sie haben Büchner entdecken helfen. Aber jetzt beginnen seine Werke, sich zu wandeln und das zu sondern, was sie befreite. Sie rechtfertigen den Realismus, der die Kraft zur Romantik hat, sie vernichten die Romantik, die nicht die Kraft zum Realismus hat. Büchners Romantik und Büchners Realismus bedingen sich gegenseitig. Er braucht nicht die Augen zu schließen, um Romantiker zu werden. Die Wirklichkeit selbst tritt an ihn heran und sieht in ihn hinein. Sie ist aktiv geworden, und je brutaler sie sich ihm aufdrängt, je schamloser sie sich entblößt, desto unwirklicher, desto spukhafter, desto romantischer wird sie. Die Wirklichkeit suggeriert Büchner, und die Linien wachsen, die Umrisse dehnen sich, die Farben blenden. Aber nichts fließt zusammen. Alles wird Kontrast, alles ballt sich, und das Schicksal wird zum Epigramm. Menschenwürde ist Grimasse: Hauptleute und Doktoren sind Gespenster geworden, und Wozzeck ist nie so sehr Mensch, als da er sich zum Tier entwürdigen lässt.

Die Wirklichkeit Büchners ist nur darum grotesk, weil sie unerbittlich ist. Seine Bizarrerie, sein Zynismus sind sachlich. Die Menschen, die sich an das Leben wegwerfen, sind blind für einander. Grausam gehen sie an sich vorbei, ohne sich zu sehen, ohne sich zu kennen. Das Kind reitet beim Tode der Mutter »Hei Hopp!« auf dem Steckenpferd, und nur die gepeinigte Kreatur erkennt sich und andre: Wozzeck und Marie, als sie im Gebet zusammenbricht.

Epigramm kurzes Spruchgedicht

Bizarrerie Seltsamkeit, Verzerrung

Karl-Markus Gauß
Woyzeck war kein Opfer. Er war Täter ——— 2003

Michael Thalheimer macht in Salzburg aus Büchners Helden einen gefährlichen Proleten Schwer zu sagen, ob es von Vorteil oder Nachteil ist, Büchners dramatisches Fragment »Woyzeck« zu kennen, wenn man in Michael Thalheimers Salzburger Aufführung gleichen Titels geht. Hat man die vor fast 170 Jahren verfasste Szenenfolge im Gedächtnis, glaubt man zu wissen, dass Woyzeck die einprägsamste Gestalt des gedemütigten Armen ist, die bis dahin am deutschen Theater aufgetreten ist; eines Armen, mit dem die Repräsentanten der Macht, hier der

gockelhafte Vertreter der alten Aristokratie, der Hauptmann,
dort der zynische Wegbereiter der bürgerlichen Moderne, der
Doktor, ihr grausames Spiel treiben. Nachdem sein Körper
durch die Experimente des Doktors ruiniert, seine Seele ins
Pathologische zerrüttet und durch den Tambourmajor seine
Eifersucht geweckt ist, ersticht er Marie, das Liebste, das er
hatte: ein Mörder, zweifellos, aber das Theater, wie Büchner
es verstanden hat, war nicht das erzherzogliche Landgericht,
und darum hat er den Täter nicht ein zweites Mal schuldig
gesprochen, sondern als Opfer konzipiert, und als dieser un-
heimliche, von seinen Wahnvorstellungen geplagte, von den
Verhältnissen gequälte »arme Woyzeck« ist er in die Theater-
geschichte eingegangen.

   Wenn man das alles weiß, wird man sich wundern, wie ra-
biat sich Thalheimer nicht darum schert, was bei Büchner geschrieben steht. Dass er viele Szenen der ohnehin nicht vielen
Szenen des Fragments ebenso streicht wie etliche Gestalten,
das braucht bei einem Regisseur, dessen früher Ruhm darauf
gründet, dass er es gewissermaßen auf das Skelett des Stückes
abgesehen hat, nicht zu wundern. Thalheimer hat aber Büchners Fragment nicht nur weiter fragmentiert, bis es gerade
noch 75 Minuten dauert, es auf die übrigens völlig kahle
Bühne zu setzen; er hat auch das Kunststück zuwege ge-
bracht, dabei jede Menge hinzuzufügen: immerhin fünf Lei-
chen nämlich.

   Wollte Büchner den historischen Woyzeck – einen nach
den Akten offenbar geisteskranken Soldaten, der 1824 wegen
eines Eifersuchtsmordes in Leipzig hingerichtet wurde – in
gewissem Sinne rehabilitieren, macht ihm Thalheimer noch
einmal den Prozess. Bei ihm ist Woyzeck nicht nur ein Mörder, sondern ein Serienkiller.

   Kurios genug, aber Hauptmann wie Doktor, diese Büch-
nerschen Karikaturen des Standesdünkels und der Despotie,

ins Pathologische
ins Krankhafte

rehabilitieren
seine Ehre wie-
derherstellen

Despotie
Willkürherr-
schaft

Wirkung und mediale Gestaltung | **111**

sind Woyzeck von Anfang an unterlegen, lächerliche Popanze, stammelnd der eine, affektiert der andere. Dass er den Doktor, der bei Büchner als Repräsentant des aufsteigenden Bürgertums charakterisiert wird, näseln lässt, als wäre er ein dementer Abkömmling der Aristokratie, belegt Thalheimers verblüffendes Desinteresse an allem, was über seinen Tag hinaus- und in die Geschichte zurückweist. Nimmt man die Rezeptionsgeschichte von Büchners Stück zum Maß, markiert diese Festspielaufführung zweifellos die reaktionärste Auslegung, die dem »Woyzeck« bisher angediehen ist: Sie kappt dem Stück jede soziale Kritik, dreht die Machtverhältnisse um, erklärt Woyzeck zum geheimen Herrscher und macht aus Büchner einen Biedermann, dem es vor dem Proleten graut.

Die Leute gehen ja aber auch gern ins Theater, ohne die Stücke zu kennen, die auf sie zukommen. Was sehen sie? Eine minimalistische Bühne, die von Olaf Altmann mit Stahlblech austapeziert wurde und ein wenig wie das Innere eines Gefrierschranks aussieht. Einen Woyzeck (Peter Moltzen), der vom Anfang bis zum Schluss in diesem Gefrierschrank steht und sich, gelegentlich herrisch, aufs große Gemetzel vorbereitet. Einen feisten Tambourmajor, dessen Eros durch einen nackten Hängebauch betont wird und der die paar Sätze, die er sagen darf, so laut zu brüllen hat, dass den wackeren Peter Kurth nur versteht, wer Büchners Text doch im Ohr hat. Einen Hauptmann, der eine stotternde Witzfigur ist und auf virtuose Weise kein Wort herausbringt (Norman Hacker), einen Doktor, von dessen medizinischen Tiraden nicht viel übrig geblieben ist (Peter Jordan). Eine Marie, die wenig Anrührendes sagen darf, obwohl man merkt, dass sie wüsste, wie es ginge, wobei Fritzi Haberlandt ihr Talent mehr sportiv anzulegen hat, weil sie jeden Mann des Stücks einmal bespringt, was zumal beim lange sterbend in seinem Blut röchelnden Hauptmann ziemlich blutig hergeht.

affektiert
geziert,
gekünstelt

dementer
verblödeter

minimalistische
sehr sparsam ausgestaltete

Tiraden
hochtrabenden
Reden

sportiv
sportlich

Ja, das Blut, es spritzt gewaltig. Andres und die geile Käthe werden mehr nebenbei erledigt, der Doktor und der Hauptmann mit Kehlschnitt, am besten kriegt es der Tambourmajor hin, der als echter Mann selbst dafür sorgt, dass ihn der rote Saft fontänengleich verlässt. Einzig der von Thalheimer erfundene »Ansager«, der das Geschehen mit Schnulzen à la Iglesias begleitet, macht sich unerstochen aus dem Staub, was man dem rollengemäß schmierigen Markus Graf nicht wirklich gönnt.

In einem an Geschwätz à la mode nicht leicht zu überbietenden Interview, das im Programmheft abgedruckt ist, hat Thalheimer nicht nur erklärt, dass Büchners Drama »ein Dreigroschenroman, ein Schundroman« sei, sondern auch, dass er Woyzeck »als Opfer heute für nicht mehr relevant«, sondern vielmehr für einen berechnenden »Fundamentalisten« halte. Vermutlich handelt es sich beim großen »Woyzeck«-Massaker also um einen Kollateralschaden im Kampf gegen den Terror.

à la mode dem Zeitgeschmack entsprechend

Fundamentalisten jemanden, der bereit ist, für seine Überzeugung zu töten
Kollateralschaden am Rande auftretenden Schaden

Szenenfoto aus der »Woyzeck«-Aufführung von Michael Thalheimer 2003

Wirkung und mediale Gestaltung | **113**

Inka Müller

Woyzeck ———————————————————— 2005

Vier junge Männer kauern auf dem TiC-Bühnenboden, als
die Zuschauer ihre Plätze einnehmen. Ein jeder isst mecha-
nisch aus einer Erbsenkonserve, der Blick geht ins Leere. Da-
hinter türmen sich die Dosen stapelweise auf Paletten. Wal-
burg Schwenke brachte Georg Büchners »Woyzeck« mit elf
Mitgliedern des Jugendclubs des Staatstheaters Mainz auf die
Bühne.

Welcher der Akteure die Titelrolle spielt, bleibt zunächst
unklar. Auch die anderen Figuren scheinen sich erst auf mehrere Darsteller zu verteilen. Welche der fünf Lolitas ist Marie?
Die bunten Kostüme der Mädchen und ihre verspielten Fri-
suren stehen in Kontrast zu den trist und farblos aussehenden
Mitspielern in Uniformhosen. Nur der Showmaster im gol-
denen Sakko (Daniel Flohr) sticht hervor, RTL-tauglich sein
Grinsen, als er am Ende die Schönheit der begangenen Gräu-
eltat preist.

Die Inszenierung ist ganz nah dran an Büchner, zeigt sie
doch die von der Gesellschaft verursachte Entmenschlichung
des Individuums auf. Die eingebaute Medienkritik führt vor,
wie aktuell Büchner auch heute noch ist. Woyzeck agiert
nicht, sondern reagiert. Da seine Umwelt über sein Leben
bestimmt, kann er keine Persönlichkeit entwickeln. Erst
allmählich kristallisiert sich die Titelfigur heraus. Thorsten
Herberger steht mühsam stramm und duldet alle Ernied
rigungen: Die Hauptmänner blättern gelangweilt in ihren
Zeitschriften und schikanieren wie nebenbei, während ihr
Untergebener duckmäusert. Benedikt Kauff gibt den glatt
lächelnden Doktor: Nicht ohne Stolz präsentiert er dem
Publikum sein Versuchstier, das sich wochenlang nur von
Erbsen ernähren durfte. Jetzt muss sich Woyzeck ausziehen

und noch weiter entwürdigen. Die Zuschauer werden zu Voyeuren.

Als der am Boden Zerstörte seine Marie mit dem Tambourmajor beobachtet, verliert er seinen letzten Halt. Ganz im Abseits steht er, als sich die Paare übermütig im Kreis drehen. Kerstin Müllers Marie berührt, wirkt zart und verloren. Ihre Sehnsucht und Einsamkeit wird besonders in den Einzelszenen spürbar, wenn sie Saxophon spielt oder die bunten Kreisel anwirft, damit sie lustig tanzen. Und Woyzeck ist gefangen im Teufelskreis, aus dem es keinen Ausweg gibt als die Tötung der Geliebten. Hastig atmend mit einem entrückten Lächeln verteilt er seine letzten Habseligkeiten im Publikum.

Im Halbdunkel umklammern sich Marie und Woyzeck, die Umarmung ist tödlich. Blut und Messer sind nur im eingespielten Film auf den drei Monitoren zu sehen. Und dann wieder der kaltblütige Doktor, der die Tat des »entarteten Halbmenschen« als Lehrbeispiel für die Jugend präsentiert. Eine engagierte Inszenierung, in der es trotz bitterer Gesellschaftskritik einiges zu lachen gibt. Karikatur sei Dank!

»Woyzeck« als Film _____ 1979

Im Jahre 1979 wurde Büchners »Woyzeck« von dem Regisseur Werner Herzog verfilmt. Die Rolle des Woyzeck spielte in diesem Film Klaus Kinski, die Rolle der Marie Eva Mattes, der Doktor wurde von Michael Semmelrogge dargestellt, den Tambourmajor verkörperte Josef Bierbichler. Auf der folgenden Seite sehen Sie Szenenfotos aus diesem Film.

Wirkung und mediale Gestaltung

Szenenfotos aus dem Film »Woyzeck« von Werner Herzog, 1979

Arbeitsanregungen

1. Rekonstruieren Sie anhand der Rezension von Karl-Markus Gauß (S. 110–113) die Hauptlinien von Michael Thalheimers »Woyzeck«-Inszenierung. Wie beurteilen Sie den Umgang des Regisseurs mit Büchners Stück?

2. Vergleichen Sie Thalheimers Darstellung des Woyzeck mit der Deutung der Hauptfigur durch Alfred Kerr (S. 101 f.)

3. Wie würden Sie Büchners »Woyzeck« inszenieren? Entwickeln Sie ein Inszenierungskonzept. Berücksichtigen Sie dabei besonders Milieu, Ort und Figurengestaltung.

4. Sie wollen den Woyzeck-Stoff verfilmen. Wie stellen Sie sich Woyzeck, seine Lebenswelt und die anderen Figuren des Stücks in unserer Zeit vor?

5. Ihre Schule soll auf Empfehlung des Stadtrates zukünftig den Namen des Dichters erhalten. Verfassen Sie einen Artikel für die Schülerzeitung, in dem Sie zu diesem Vorschlag Stellung nehmen.

6. Versuchen Sie die Szenenfotos aus dem Film »Woyzeck« (S. 116) in den Dramentext einzuordnen. Begründen Sie Ihre Entscheidung.

Textquellen

Anschütz, Ernst: Die Hinrichtung des Delinquenten Woyzeck. Zit. nach: Georg Büchner. Dargestellt von Jan-Christoph Hauschild. Reinbek bei Hamburg: Rowohlt 2004. S. 142.

Brüder Grimm: Die sieben Raben. Sterntaler. Aus: Brüder Grimm: Kinder- und Hausmärchen. München: Artemis und Winkler 1996.

Büchner, Georg: Brief an die Eltern im Februar 1834. Aus: Georg Büchner: Woyzeck. Erläuterungen und Dokumente. Von Burghard Dedner unter Mitarbeit von Gerald Funk und Christian Schmidt. Stuttgart: Reclam 2000. S. 203–205.

Büchner, Georg: Brief an die Eltern vom 28. 7. 1835. Aus: Georg Büchner: Woyzeck. Erläuterungen und Dokumente. Von Burghard Dedner unter Mitarbeit von Gerald Funk und Christian Schmidt. Stuttgart: Reclam 2000. S. 255 f.

Büchner, Georg: Dantons Tod. 2. Akt, 3. Szene. Stuttgart: Reclam 1991. S. 35 f.

Büchner, Georg/*Weidig*, Friedrich Ludwig: Der Hessische Landbote. Aus: G. B./F. L. W.: Der Hessische Landbote. Studienausgabe. Hrsg. von Gerhard Schaub. Stuttgart: Reclam 1996. S. 6–36. (Orthografie und Zeichensetzung wurden behutsam den geltenden amtlichen Regeln angeglichen.)

Büchner, Georg: Lenz. (Auszug.) Zit. nach: Georg Büchner: Woyzeck. Erläuterungen und Dokumente. Von Burghard Dedner unter Mitarbeit von Gerald Funk und Christian Schmidt. Stuttgart: Reclam 2000. S. 253 f.

Clarus, Johann Christian August: Die Zurechnungsfähigkeit des Mörders Johann Christian Woyzeck nach Grundsätzen der Staatsarzneikunde aktenmäßig erwiesen. Zit. nach: Georg Büchner: Sämtliche Werke und Briefe. Historisch-kritische Ausgabe mit Kommentar. Hrsg. von Werner R. Lehmann. Bd. 1. München: Hanser 1974. S. 490–492; 534.

Deppert, Fritz: Steckbrief. [1987.] Aus: Oder Büchner. Eine Anthologie. Hrsg. von Jan-Christoph Hauschild. Darmstadt: Verlag der Georg Büchner Buchhandlung 1988. S. 49 f.

Gauß, Karl-Markus: Woyzeck war kein Opfer. Er war Täter. [Rezension der Woyzeck-Inszenierung von Michael Thalheimer 2003 in Salzburg.] Aus: Die Zeit Nr. 35 vom 21. 8. 2003.

Hauschild, Jan-Christoph: Der historische Fall Woyzeck. Aus: J.-Ch. H.: Georg Büchner. Biografie. Stuttgart/Weimar: Metzler 1993. S. 550 f.

Ihering, Herbert: Büchner-Abend. Aus: Die Schaubühne. Jg. 9, 1913. Heft 52. S. 1279 f. Zit. nach: Hans Mayer: Georg Büchner: Woyzeck. Frankfurt/M.: Ullstein 1963. S. 152 f.

Kerr, Alfred: Georg Büchner: Woyzeck. Aus: Berliner Tageblatt vom
6. 4. 1921. Zit. nach: Hans Mayer: Georg Büchner: Woyzeck. Frank-
furt/M.: Ullstein 1963. S. 157 f.

Kluge, Alexander: Ein Liebesversuch. Aus: A. K.: Lebensläufe. Anwesen-
heitsliste für eine Beerdigung. Stuttgart: Goverts 1962. S. 133.

Lenz, Jakob Michael Reinhold: Die Soldaten. 1. Akt, 6. Szene. 3. Akt,
2. Szene. Aus: J. M. R. L.: Werke und Briefe in drei Bänden. Hrsg. von
Sigrid Damm. Frankfurt/M./Leipzig: Insel 1992. Bd. 1. S. 203 f.; 216 f.

Müller, Inka: Woyzeck. [Rezension der Woyzeck-Inszenierung von Marc
Becker am Staatstheater Mainz am 28. 4. 2005.] Aus: www.theaterportal.
de/tp-rezension_detail?rezid=72.

Roth, Udo: Naturwissenschaftliche Experimentalpraxis in »Woyzeck«. Aus:
Der Deutschunterricht 6/2002. Velber: Friedrich Verlag. S. 62–64.

Wehler, Hans-Ulrich: Armut in Deutschland. Aus: H.-U. W.: Deutsche
Gesellschaftsgeschichte (1700–1815). München: Beck 1987. S. 197.

»Woyzeck« – ein Fragment. Originalbeitrag.

Bildquellen

Seite 42: Georg Büchner, um 1831. Porträtzeichnung von August Hoffmann. bpk, Berlin.

Seite 43: Der Marktplatz in Darmstadt. Zeichnung von Wilhelm Merck. Besitz: Merck KGaA, Darmstadt. Aus: Georg Büchner. Dargestellt von Jan-Christoph Hauschild. Reinbek bei Hamburg: Rowohlt 2004. S. 21.

Seite 44: Wilhelmine Jaeglé, um 1830. ullstein bild, Berlin.

Seite 46: Titel der Erstausgabe von »Dantons Tod«. akg-images, Berlin.

Seite 47: Steckbrief Büchners von 1835. Hessische Landes- und Hochschulbibliothek, Darmstadt.

Seite 49: Georg Büchner im »Felsenmeer« (Ausschnitt). Zeichnung von Alexis Muston, 1833. Aus: Georg Büchner. Leben, Werk, Zeit. Katalog zur Ausstellung zum 150. Jahrestag des »Hessischen Landboten«. Unter Mitwirkung von Bettina Bischoff u. a. bearbeitet von Thomas Michael Mayer. Marburg: Jonas Verlag. 3. Aufl. 1987. S. 2.

Seite 54: Johann Christian Woyzeck. Federlithografie, 1824. Stadtgeschichtliches Museum, Leipzig.

Seite 59: Woyzecks Hinrichtung am 27. August 1824 in Leipzig. Federlithografie von Christian Gottfried Heinrich Geißler (Ausschnitt). Stadtgeschichtliches Museum, Leipzig.

Seite 65: Küferarbeit in einem rheinischen Bauernhof, um 1843. Lithografie von Jakob Fürchtegott Dielmann. Städelsches Kunstinstitut, Frankfurt/M.

Seite 66: Erste Seite des Originaldrucks des »Hessischen Landboten«, Juli 1834. ullstein bild, Berlin. Foto: histopics.

Seite 73: Friedrich Ludwig Weidig. Anonyme Kreidelithografie, 1848/49. Gießen: C. Schild. Stadtarchiv Butzbach.

Seite 88: Aus: Woyzeck. Von Georg Büchner. Gezeichnet von Dino Battaglia. Altamira Verlag 1990.

Seite 113: Szenenfoto der »Woyzeck«-Aufführung unter der Regie von Michael Thalheimer. Thalia Theater, Hamburg, 2. 10. 2003. ullstein bild, Berlin. Foto: Kujath.

Seite 116: Szenenfotos aus dem Film »Woyzeck«. Regie: Werner Herzog. BRD 1979. defd pwe-Verlag, Hamburg.

Anmerkungen

S. 9

Freimaurer Geheimer Männerbund mit besonderen Riten und Symbolen. Er vertritt Ideale der Toleranz und der Humanität im Sinne der Aufklärung. In einer gegen die Revolution gerichteten Propaganda wurden die Freimaurer als Verschwörer und Demagogen gebrandmarkt. Woyzeck ist ein Opfer dieser Indoktrination und Propaganda, er baut die Freimaurer in sein Wahnsystem ein.

S. 9

Saßen dort zwei Hasen ... Die seit 1820 bekannte Strophe eines Volksliedes lautet: »Zwischen Berg und tiefem, tiefem Tal / Saßen einst zwei Hasen, / Fraßen ab das grüne, grüne Gras / Bis auf den Rasen.« Die zweite Strophe schildert, wie der Hase vom Jäger erschossen wird.

S. 9

Ein Feuer ... wie Posaunen. Das Bild verweist auf den Weltuntergang. Vgl. Neues Testament, Offenbarung, 8,5–8: »Dann nahm der Engel das Rauchfass, füllte es mit Feuer vom Altare und schleuderte es zur Erde nieder. Da entstanden Donnerschläge, Getöse, Blitze und Erdbeben. Und die sieben Engel mit den sieben Posaunen schickten sich an zu posaunen. Der erste Engel posaunte, und es entstand Hagelschlag und Feuer mit Blut gemischt, und wurde auf die Erde geschleudert. Der dritte Teil der Erde verbrannte, der dritte Teil der Bäume verbrannte, und alles Grüne verbrannte. Der zweite Engel posaunte. Da stürzte etwas wie ein großer feuerflammender Berg ins Meer. Ein Drittel des Meeres wurde zu Blut.«

S. 10

zum Jud ... verkaufe Da Juden nicht alle Berufe ausüben durften, arbeiteten ärmere Juden oft als Kleinhändler.

S. 11

sieh da ging ein Rauch ... vom Ofen Vgl. Altes Testament, 1. Mose 19,28: »Als er auf Sodoma und Gomorrha und die ganze Fläche der Jordanebene hinabschaute, sah er, wie ein Qualm von der Erde aufstieg gleich dem Rauche eines Schmelzofens«.

S. 13

Viehsionomik Wortspiel mit satirischer Verwendung des Wortes »Vieh«. Unter Physiognomik versteht man die Erschließung der Persönlichkeit aus dem Gesichtsausdruck.

S. 17

Der Herr sprach ... kommen. Bibelzitat aus dem Neuen Testament, Mk. 10,13–16: »Dann brachte man Kinder zu ihm, damit er sie berühre. Die Jünger aber wiesen die Leute, die sie brachten, zurück. Als Jesus das sah, wurde er unwillig und sagte zu ihnen: Lasset die Kinder zu mir kommen und wehrt es ihnen nicht, denn für solche ist das Himmelreich. Wahrlich, ich sage euch, wer das Reich Gottes nicht annimmt wie ein Kind, wird nicht hineinkommen. Dann umarmte er sie, legte ihnen die Hände auf und segnete sie.« Vgl. Lk. 18,16 und Mt. 19,14.

S. 19

Todsünde Eine schwere Sünde, die nach christlicher Vorstellung die Seele zur ewigen Verdammnis in der Hölle verurteilt. Die Wollust ist eine der sieben Todsünden.

S. 20

der Mensch ist frei Der Doktor postuliert hier, in Übereinstimmung mit der damaligen Philosophie und Gerichtsmedizin, die unbedingte Willensfreiheit des Menschen, durch welche der Mensch sich von den triebgeleiteten Tieren unterscheidet.

S. 21

aberratio mentalis partialis Im Falle des historischen Woyzeck wurde im Anschluss an die Gutachten von Clarus darüber diskutiert, ob Woyzeck zurechnungsfähig und damit schuldfähig oder ob er an »partiellem Wahnsinn« erkrankt sei.

S. 23

Exerzierzagel Exerzierzopf; ein Schimpfwort, das den für die verbreitete Praxis des eintönigen geisttötenden Exerzierens Verantwortlichen bloßstellt.

S. 23

Plinius Gaius Plinius Secundus, »Der Ältere« (23–79 n. Chr.), römischer Schriftsteller, der eine umfangreiche Naturgeschichte (Naturalis historia) verfasste. Der Doktor verwechselt aber wohl Plinius mit dem griechischen Schriftsteller Plutarch (46–120 n. Chr.), der beschreibt, Alexander der Große habe

seinen Soldaten befohlen, vor der Schlacht die Bärte abzu-
schneiden, damit Feinde sich nicht daran festhalten könnten.

S. 25

Frau Wirtin ... Abwandlung der vierten Strophe des Liedes »Es
steht ein Wirtshaus an der Lahn«: »Die Wirtin hat auch eine
Magd, / Die sitzt im Garten und pflückt Salat: / Sie kann es
kaum erwarten, / Bis dass das Glöcklein zwölfe schlägt, / Da
kommen die Soldaten.«

S. 30

Und ist kein Betrug ... erfunden. Vgl. Neues Testament, 1. Petrus-
brief 2,21–22: »Auch Christus hat für euch gelitten und euch
ein Beispiel hinterlassen, damit ihr in seine Fußstapfen tretet.
Er hat keine Sünde begangen und ist auch kein Betrug in seinem Munde erfunden.«

S. 30

Aber die Pharisäer ... nicht mehr. Die Pharisäer waren eine
Gruppe im alten Judentum, welche das geschriebene Gesetz
und die Überlieferungen aufs strengste beachtete. Marie zitiert
sinngemäß aus dem Johannesevangelium 8,3–11. Schriftgelehrte
und Pharisäer bringen eine beim Ehebruch ertappte Frau zu
Jesus, um ihn nach seiner Meinung zur Bestrafung zu fragen.
Nach dem Gesetz des Mose wollen sie diese Frau steinigen,
d. h. so lange mit Steinen auf sie werfen, bis sie tot zusammenbricht. Jesus entgegnet ihnen, dass derjenige den ersten Stein
werfen solle, der ohne Sünde sei. Einer nach dem anderen
verlässt den Ort. Jesus wendet sich jetzt an die Frau, die in der
Mitte steht, und fragt: »Frau, wo sind die, die dich anklagten?
Hat keiner dich verurteilt?« Sie antwortete: »Keiner, Herr.«
Jesus sagte: »Auch ich verurteile dich nicht. Geh hin und
sündige fortan nicht mehr.«

S. 30

Und trat hinein ... mit Salben. Hinweis auf die Bibelstelle im Lu-
kasevangelium 7,37–38: »Da lebte in der Stadt eine Frau als
Sünderin. Als sie erfuhr, dass er im Hause des Pharisäers zu Tische sei, brachte sie ein Alabastergefäß mit Salböl. Sie trat von
hinten an seine Füße und weinte. Sie begann, seine Füße mit
ihren Tränen zu benetzen und mit ihrem Haupthaar zu trocknen. Dann küsste sie seine Füße und salbte sie mit dem Salböl.«

Anmerkungen | **123**

Marie sucht wie Magdalena Vergebung ihrer Sünden. Auch sie möchte hören: »Vergeben sind deine Sünden.« (Lk. 7,48)

S. 32

David ... Bathseba Vgl. Altes Testament, 2. Buch Samuel 11,2–3: »Da erhob sich David eines Abends von seinem Lager und erging sich auf dem Dache des königlichen Palastes. Da sah er vom Dache aus, wie ein Weib sich badete, und das Weib war sehr schön. David sandte hin und erkundigte sich nach dem Weib. Und es ward ihm mitgeteilt: »Das Weib ist doch Bethsabee, die Tochter Eliams, das Weib des Hethiters Urias.«

S. 33

Sankt Lichtmesstag Der Tag der Kerzenweihe fällt auf den 2. Februar. Hier liegt ein Widerspruch zu der Feststellung vor: »Und steht das Korn im Blühn.« In der Erwähnung des Lichtmesstags liegt vielleicht eine Anspielung auf Marie. Dieser Tag erinnert an die Darbringung Christi im Tempel und die Reinigung Marias.

S. 34

Es war eimal ein arm Kind ... Das Märchen der Großmutter enthält Versatzstücke aus verschiedenen Märchen der Brüder Grimm, so etwa aus »Die sieben Raben«, »Sterntaler« (vgl. S. 94–97) und »Das singende springende Löwenäckerchen«.

S. 34

Neuntöter Eine Vogelart, lat. »Lanius collurio«. Der Vogel spießt seine Beute, meistens Käfer und Bienen, auf Dornen auf, bevor er sie frisst. Nach dem Volksglauben rührt sein Name daher, dass er mindestens neun Tiere tötet und aufspießt, bevor er an die Mahlzeit geht.

S. 37

Und da hat de Ries ... Menschefleisch. Zitat aus dem Märchen »Der kleine Däumling« von Charles Perrault. Die von ihren armen Eltern ausgesetzten sieben Jungen gelangen in das Haus eines Menschenfressers (L'Ogre), wo sie von dessen Frau freundlich aufgenommen werden. Der zurückkehrende Menschenfresser ruft seiner Frau zu »Ich wittre Menschenfleisch« und will die Brüder töten. Der kleine Däumling, der jüngste der Brüder, nutzt die Frist, welche die Frau mit List ihrem Mann abgetrotzt hatte, um sich und seine Brüder zu retten, wobei allerdings die sieben Töchter des Paares ihr Leben lassen müssen. Das Zitat findet sich auch in dem Märchen »Die sieben Raben« der Brüder Grimm.

S. 53

Napoleonischen Kriege Kriege, die Kaiser Napoleon I. zwischen 1805 und 1814 gegen Preußen, Österreich, Russland und England führte.

S. 56

im artikulierten Verhöre Im früheren deutschen Strafprozess das Verhör über Fragen, welche nicht eine zusammenhängende Darstellung vonseiten des Beschuldigten, sondern nur kurze Antworten bezwecken.

S. 58

Stab gebrochen Bei der Verkündigung von Todesurteilen zerbrach der Richter früher ein Stäbchen über dem Kopf des Angeklagten.

S. 67

Der Hessische Landbote Das Großherzogtum Hessen war ein Kleinstaat mit einer Fläche von etwa 8000 Quadratkilometern. Von 1815 bis 1866 war es ein Mitgliedsstaat des Deutschen Bundes. Die Residenzstadt war Darmstadt. Hauptsächlicher Adressat der Flugschrift war die hessische Landbevölkerung.

S. 68

Blutzehnte Bildhafte Bezeichnung für die unerträgliche Höhe der Abgaben. Der Zehnte ist die Abgabe des zehnten Teils vom Rohertrag sowohl in Naturalien als auch Geld an den weltlichen Herrscher.

S. 70

Die Ketten ... schleppte Nach einer katastrophalen Missernte war eine Gruppe revoltierender Bauern zum Vogelsberg gezogen. Bei dem Dorf Södel wurde die Gruppe von großherzoglichen Dragonern blutig zusammengeschlagen und zur Zwangsarbeit auf die Festung Rockenburg geschafft.

S. 76

in Russland erfrieren Beim Rückzug Napoleons aus Russland kamen im Spätherbst 1812 Zigtausende der Invasionstruppen ums Leben.

Anmerkungen | **125**

S. 76

Karl den Zehnten Karl X. (1757–1836) war Führer der Emigranten gegen die Französische Revolution und wurde 1824 Nachfolger von Louis XVIII. In der Julirevolution wurde er 1830 zur Abdankung gezwungen.

S. 76

Louis Philipp Prinz von Orleans (1773–1850), wurde 1830 als König von Frankreich ausgerufen. In der Februarrevolution von 1848 wurde er abgesetzt und floh nach England.

S. 77

Grolmann Friedrich von Grolmann (1784–1859), konservatives Mitglied des Landtages, hatte 1830 für die Übernahme der Privatschulden Ludwig II. auf die Staatskasse gestimmt.

S. 80

Ludwig von Bayern Ludwig I. (1780–1868). Wegen seiner Verschwendung war er bei seinem Volk verhasst. 1848 wurde er zur Abdankung gezwungen.

Schroedel Interpretationen

Die Reihe »Schroedel Interpretationen« bietet verständlich und interessant geschriebene Darstellungen und Deutungen wichtiger Werke der deutschen Literatur. Die Bände eignen sich besonders zur Vorbereitung auf Referate, Hausarbeiten, Klausuren und Prüfungen.

Passend zur vorliegenden Texte.**Medien**-Ausgabe erhalten Sie in der Reihe »Schroedel Interpretationen«:

Georg Büchner:
Woyzeck
ISBN 978-3-507-47708-7

Weitere Informationen, Inhaltsverzeichnisse und Probeseiten zu diesem Band und den anderen Bänden der Reihe finden Sie im Internet unter:
www.schroedel.de/interpretationen